Chris Fabry

Wie Sie als Christ/in garantiert nichts auf die Reihe kriegen

W0061274

Chris Fabry

Wie Sie als Christ/in garantiert nichts auf die Reihe kriegen

77 Tips, ein Test
und ausgewählte Bibelstellen

Aussaat

ABCteam Bücher erscheinen in folgenden Verlagen:
Aussaat Verlag Neukirchen-Vluyn
R. Brockhaus Verlag Wuppertal und Zürich
Brunnen Verlag Gießen und Basel
Christliches Verlagshaus Stuttgart
Oncken Verlag Wuppertal und Kassel

Aus dem Amerikanischen von Sabine Behringer

Titel der Originalausgabe: *The 77 Habits of Highly Ineffective Christians*, IVP, Downers Grove, Illinois, USA

© 1998 Aussaat Verlag
Verlagsgesellschaft des Erziehungsvereins mbH, Neukirchen-Vluyn
Titelgestaltung: Hartmut Namislow,
unter Verwendung einer Zeichnung von Werner „Tiki" Küstenmacher
Satz: DTP/Aussaat
Druck: Nørhaven A/S, Viborg
Printed in Denmark
ISBN 3-7615-3597-X
Bestellnummer 113 597

Ein wahrhaft mittelmäßiger Christ denkt niemals daran
– egal unter welchen Umständen auch immer –
irgend jemandem für irgend etwas zu danken.
Das sollten Sie sich auf jeden Fall merken,
bevor Sie anfangen, dieses Buch zu lesen.

Inhalt

Vorwort 10
Tip 1 Teilen Sie Ihr Leben fein säuberlich in zwei Hälften .13
Tip 2 Machen Sie Toleranz zu Ihrem Gott 14
Tip 3 Leben Sie im Kreis der Ichbezogenheit 16
Tip 4 Seien Sie nie zufrieden 18
Tip 5 Verdrängen Sie Schmerz 19
Tip 6 Gründen Sie Ihren Glauben allein auf Gefühle
und Erfahrungen 21
Tip 7 Beten Sie nur hin und wieder 23
Tip 8 Richten Sie Ihr Hauptaugenmerk auf Kleinigkeiten .25
Tip 9 Streben Sie nach Unausgeglichenheit 27
Tip 10 Hören Sie immer nur zu 29
Tip 11 Steigern Sie Ihre „geistliche Saugfähigkeit" 30
Tip 12 Bringen Sie Ihre Kinder regelmäßig in Rage 32
Tip 13 Seien Sie undankbar 34
Tip 14 Mischen Sie immer nur ganz vorne mit 36
Tip 15 Hinterfragen Sie nie Ihren Lebensweg 37
Tip 16 Gehen Sie engen Beziehungen aus dem Weg 39
Tip 17 Behandeln Sie Gott wie einen Kumpel 40
Tip 18 Ersticken Sie Ihre Träume schon im Keim 42
Tip 19 Denken Sie negativ 43
Tip 20 Wählen Sie immer die schnelle do-it-yourself -
Lösung 45
Tip 21 Praktizieren Sie einen süßen Milch-und-Honig-
Glauben 47
Tip 22 Machen Sie Musik zum alles beherrschenden
Thema in Ihrer Gemeinde .49
Tip 23 Kultivieren Sie Ihre Sorgen .51
Tip 24 Beanspruchen Sie Gott und Ihre Nächsten so oft
es nur geht 53

Tip 25 Gehen Sie davon aus, daß eigentlich niemand mehr
ausgerechnet von Ihnen bekehrt werden muß 55

Tip 26 Wenn Sie unbedingt evangelisieren wollen, dann
beschränken Sie sich auf Prominente 57

Tip 27 Vertreten Sie den Standpunkt, daß Gott und Geld
nichts miteinander zu tun haben 58

Tip 28 Betrachten Sie das Alte Testament als ein Buch mit
netten Geschichten zum Vorlesen 60

Tip 29 Messen Sie Erfolg allein in Zahlen 62

Tip 30 Schieben Sie die Schuld immer auf andere 63

Tip 31 Überlassen Sie das Fasten komischen Leuten 65

Tip 32 Nehmen Sie die Hölle nicht ernst 66

Tip 33 Gehen Sie davon aus, daß Christsein eine Religion
ist, aber keine Beziehung zu Gott 68

Tip 34 Nähern Sie sich Gott nur, wenn er Ihnen aus der
Patsche helfen soll 69

Tip 35 Seien Sie ein abergläubischer Christ 71

Tip 36 Leben Sie in der Zukunft 73

Tip 37 Leben Sie in der Vergangenheit 74

Tip 38 Betrachten Sie Ihren Körper nicht als Tempel Gottes .76

Tip 39 Hegen und pflegen Sie Vorurteile 78

Tip 40 Nehmen Sie sich vor Freude in Acht 79

Tip 41 Glauben Sie nicht, daß Jesus der einzige Weg zu
Gott ist 81

Tip 42 Betrachten Sie Gnade als eine Selbstverständlichkeit 82

Tip 43 Glauben Sie, daß Sex schmutzig ist 84

Tip 44 Glauben Sie, daß Sie schon perfekt sein müssen,
bevor Sie zu Gott kommen dürfen 86

Tip 45 Seien Sie nicht wahrhaftig gegenüber Gott 87

Tip 46 Gehen Sie davon aus, daß Gottes Wille schwer
faßbar ist und Sie außerdem unterdrücken will 89

Tip 47 Vermeiden Sie Einigkeit unter den Christen 91

Tip 48 Leben Sie wie ein Chamäleon 93

Tip 49 Seien Sie ungeduldig 94

Tip 50 Tun Sie so, als ob Sie alle Antworten wüßten 96

Tip 51 Werden Sie ein wandelndes Klischee 97

Tip 52 Halten Sie sich an das, was Sie sehen, und nicht an
das, was Sie glauben 99

Tip 53 Benehmen Sie sich wie ein geistliches Weichei ...101

Tip 54 Vertreten Sie den Standpunkt, daß die geistliche
Waffenrüstung eine Fiktion ist 102

Tip 55 Urteilen Sie über andere 104

Tip 56 Analysieren Sie jede Situation bis zum Exzess 105

Tip 57 Wenn andere mit Ihnen über Gott reden wollen,
wehren Sie ab oder schrecken Sie ab 107

Tip 58 Seien Sie auf Sicherheit bedacht 109

Tip 59 Fixieren Sie sich auf das Dreieck der garantierten
Mittelmäßigkeit 111

Tip 60 Setzen Sie Ihren Glauben auf eine Person 112

Tip 61 Sprechen Sie „christinesisch" 114

Tip 62 Wenn es um geistliche Dinge geht, schieben Sie
alles auf die lange Bank 115

Tip 63 Vertreten Sie den Standpunkt, daß „neu" immer besser ist 117

Tip 64 Feiern Sie Ostern und lassen Sie Karfreitag aus 119

Tip 65 Betrachten Sie Weihnachten als unwichtiges
Ereignis 120

Tip 66 Erfüllen Sie Ihr Leben mit Lärm 122

Tip 67 Nehmen Sie nichts an, sondern geben Sie
immer nur 123

Tip 68 Sorgen Sie dafür, daß Ihre Frau oder Ihr Mann alle
Ihre Bedürfnisse stillt 125

Tip 69 Beten Sie Gott nur an, wenn Ihnen gerade danach
zumute ist 127

Tip 70 Führen Sie genau Buch über Ihre religiöse Trefferquote 128

Tip 71 Stecken Sie Gott in eine Schublade 130
Tip 72 Pflegen Sie Ihren Groll 131
Tip 73 Betrachten Sie die Kirche mit den Augen eines
Konsumenten 133
Tip 74 Trinken Sie niemals aus der lebendigen Quelle . . .134
Tip 75 Lenken Sie andere, indem Sie Schuldgefühle
wecken 135
Tip 76 Messen Sie den Wert Ihres Lebens an falschen Maß-
stäben 137
Tip 77 Haben Sie etwas angefangen, führen Sie es auf kei-
nen Fall zu Ende 139

„Die unwirksame Nachfolge" oder „Was kann ich tun, um
noch mittelmäßiger zu werden?" – ein persönlicher Test . . .141

Vorwort

Es ist noch gar nicht lange her, da entschloß ich mich, von all den Konferenzen, auf denen über ein effektives christliches Leben und über geistliches Wachstum referiert wurde, eine Pause einzulegen. Ich war auf Seminaren, Vorträgen und mehrtägigen Workshops gewesen, die jeden nur vorstellbaren Aspekt im Hinblick auf das Christsein in der heutigen Zeit erschöpfend behandelt hatten. Außerdem ging ich zu Männertreffen, fuhr auf Ehepaar-Freizeiten mit, nahm an Leiterschulungen und speziellen Bibelstunden teil; ich legte unzählige Notizbücher an und lauschte aufmerksam, wenn aufmunternd über biblisch begründeten Erfolg im Beruf und im Privatleben berichtet wurde; und ich war Gast auf Sportler-Banketten, in deren Mittelpunkt wiedergeborene Athleten und Trainer standen.

Um ehrlich zu sein, irgendwann suchte ich dann aber doch gezielter nach einer Veranstaltung, die thematisch nichts mit der heiligen Zahl 7 zu tun hatte, weniger stressig als alles Bisherige war und – offen gesagt – auch nicht so geistlich anspruchsvoll.

Rein zufällig stolperte ich in ein Symposium zu dem Thema „Die Suche nach Mittelmäßigkeit: ein modernes spirituelles Paradigma". Es wurde abgehalten im Ballsaal eines kleinen schäbigen Hotels in der Nähe von Chicago. Der Teppichboden war in einem gebrannten Orange gehalten, das jahrelange Servieren von zusammengemanschtem Hühnerfrikassee hatte eine merkliche Blässe und Stumpfheit in dem Raum hinterlassen. Der Redner an diesem Tag war Dr. Virgil Lacking, Professor der Lethargie im Fachbereich Indifferenz der Universität Koma Stadium (USA). Ich war nicht sonderlich überrascht, als ich hörte, daß er seinen Doktortitel nur ehrenhalber verliehen bekommen hatte, störte mich aber auch nicht weiter daran.

Ich fand Dr. Lackings Ansatz so erfrischend und so befreiend für meine Seele, also näherte ich mich ihm während einer Pause mit meinem lauwarmen Kaffee und schlug ihm vor, das vorliegende Buch zu schreiben. Obwohl auch er von dieser Idee sofort angetan war, sorgte seine ausgeprägte Trägheit dafür, daß sich die Fertigstellung des Manuskripts immer wieder verzögerte.

Während sich die Monate frustrierend dahinschleppten, entschloss ich mich, dieses hilfreiche Buch selbst zusammenzustellen, indem ich auf das ungewöhnlich aufschlußreiche Material von Dr. Lacking zurückgriff. Ich habe versucht, seinen Ton zu treffen, mit der ihm mangelnden Autorität aufzutreten und seine geradezu maßlose Mittelmäßigkeit umzusetzen. Das Bildmaterial reproduzierte ich in Anlehnung an das Symposium ganz aus meinem freien und unabhängigen Erinnerungsvermögen heraus. Die 77 Tips basieren auf meiner Bearbeitung von Notizen, die ich in Papierkörben gefunden habe, sowie auf Auszügen aus Interviews, die Dr. Lacking über die Jahre hinweg gegeben hat.

Bitte beachten Sie, daß die 77 Tips keinesfalls als eine vollständige Sammlung all der Mittel und Wege anzusehen sind, die ein untaugliches Leben in der Nachfolge Christi garantieren; ich glaube aber schon, daß sie das Allerbeste vom Allerschlimmsten repräsentieren.

Da mir Studiengruppen ebenso wie der persönliche Gewinn bei der Lektüre dieses Buches besonders am Herzen liegen, habe ich den einzelnen Tips jeweils weiterführende Fragen zum Nachdenken als auch vertiefende Aufgaben hinzugefügt sowie – wo es mir besonders angebracht erschien – Bibelstellen, die eifrige Leser dieses Buches vorsorglich meiden sollten. Dies alles zusammengenommen sollte Ihnen auf der Suche nach größtmöglicher geistlicher Impotenz helfen. Außerdem habe ich einen auf Sie persönlich zugeschnittenen Test entwickelt, der vor und nach dem Lesen dieses Buches gemacht werden kann, so daß Sie den aktuellen Stand Ihres geistlichen Stillstands genauestens ermitteln und den Weg der unwirksamen Nachfolge sicher beschreiten können.

Sollten Sie allerdings den Wunsch verspüren, Ihr geistliches Leben effektiver zu gestalten, sollten Sie Sehnsucht haben nach einer tiefergehenden Beziehung mit dem Gott, der Sie geschaffen hat, sollten Sie danach streben, mit Ihrer Familie, Ihren Freunden und anderen in Ihrer Umgebung so zusammenzuleben, wie Christus es gemeint hat, sollten Sie wirklich an konsequenter Nachfolge interessiert sein – dann schlage ich vor, daß Sie die folgenden 77 Tips modifizieren und einfach das Gegenteil der hier gelisteten Ratschläge befolgen.

Was immer Ihr Anliegen ist – sei es ein durchschnittliches, normales, mittelmäßiges, christliches Leben, oder sei es ein ernsthaftes Abenteuer, bei dem Sie den gekreuzigten Christus als Vorbild fest im Blick haben und sich nicht selbst in den Mittelpunkt stellen – dieses Buch möge Sie dabei anleiten und anspornen, das gewünschte Ziel zu erreichen.

Wahrhaft mittelmäßige Christen teilen ihr Leben in zwei Hälften: in eine weltliche und eine geistliche. Für sie ist geistliches Leben etwas, was ausschließlich an speziellen Tagen zu speziellen Zeiten und aus speziellen Gründen praktiziert wird. Der Rest ihres Lebens bleibt davon gänzlich unberührt.

Dieser Lebensstil ist auch bekannt unter dem Fachterminus „Splitting". Wenn Sie sich ihm nahtlos anpassen wollen, dann müssen Sie danach streben, lediglich Kirche, Gottesdienst, Bibelstudium und Gemeindeaktivitäten als von Natur aus „geistlich" anzusehen, und alles andere, was Ihr Leben sonst noch so ausmacht, unter der Rubrik „weltlich" einordnen.

Verpassen Sie auf keinen Fall die mit dieser Strategie gebotene Möglichkeit, es sich in Ihrer Mittelmäßigkeit so richtig gemütlich zu machen und sie mit viel Spaß auszukosten. Wenn Sie bei der Arbeit über Ihren Glauben reden, wenn Sie Bibelstellen lesen oder sogar auswendig lernen zu anderen Gelegenheiten als den dafür vorgesehenen kleinen religiösen Intermezzi in der geistlichen Hälfte Ihres Lebens, oder wenn Sie gar im weltlichen Teil Ihres Lebens länger über geistliche Themen nachdenken, dann sind Sie einfach nicht mittelmäßig genug.

Wenn Sie einen grandiosen Sonnenaufgang betrachten, während Sie mit anderen Leuten im Auto unterwegs sind, widerstehen Sie dem Drang, über die Schönheit der Schöpfung und über die Kreativität Gottes zu sprechen – ganz besonders dann, wenn Mitfahrer im Auto sitzen, die Darwins Hypothesen für der Weisheit letzten Schluß halten. Wenn Sie sich gerade in der einen Hälfte Ihres Lebens aufhalten,

13

dann beziehen Sie sich niemals auf die andere Hälfte, weil das in einem fein säuberlich „gesplitteten" Lebensstil nicht vorgesehen ist und Ihre Mittelmäßigkeit nur untergräbt.

Es ist völlig akzeptabel zu beten – in aller Stille natürlich –, wenn es um wichtige Berufsentscheidungen geht, eine Gehaltserhöhung oder um Schwierigkeiten mit der Verwandtschaft oder dem anderen Geschlecht. Diese Gebetshaltung wird Ihnen das Gefühl geben, Sie selbst würden sich dem Allmächtigen nähern.

Jedoch reißen Sie sich zusammen und bringen Sie nicht die kleineren Dinge vor Gott, die alltäglichen und die irdischen. Dies würde Ihnen Grund zu der Annahme geben, Gott wäre an allen Aspekten des Lebens interessiert. Um echt mittelmäßig zu sein, müssen Sie ihn auf Abstand halten, das heißt auf Distanz zu Ihrem Leben mit seiner ganzen Fülle und in seiner ganzen Bedeutung.

Denken Sie also daran, Ihr Leben besteht nicht aus einem Ganzen, mit welchem Sie vor Gott stehen, sondern nur aus zwei Hälften, die Sie kontrollieren.

Vermeiden Sie folgende Bibelstelle: Römer 12,1

Tip 2   Machen Sie Toleranz zu Ihrem Gott

Wenn Sie als Christ oder Christin Ihre Mittelmäßigkeit erhöhen wollen, dann folgen Sie neuen Kulturtrends. Studieren Sie sorgfältig den gegenwärtigen Zustand der Gesellschaft und verinnerlichen Sie gewissenhaft die neuen Strömungen, die Ihnen so auffallen. Eine zur Zeit besonders herausragende Zerstörerin des lebendigen christlichen Lebens ist die Toleranz.

Es sollte festgehalten und darüber muß nicht diskutiert werden, daß Toleranz ihre guten Seiten hat und sinnvollen Zwecken dienen kann, aber was die Kultur der Gegenwart angeht, hat sie extreme Ausmaße angenommen, wobei Extreme natürlich immer gut sind, wenn ein mittelmäßiges christliches Leben Ihre oberste Priorität ist.

Sie müssen, wenn Sie tolerant sind, alles und jeden akzeptieren. Ob es sich um die Rechte für Homosexuelle dreht oder um die staatliche Unterstützung von zweifelhafter Kunst; Sie müssen sich selbst davon überzeugen, daß alle Ansichten nicht nur ihre Gültigkeit haben, sondern auch gleichwertig sind. Auf diese Weise leisten Sie einen Beitrag zur Untergrabung der Idee, daß es absolute Werte gibt. Eine tolerante Haltung bis auf ihre logische Spitze zu treiben hilft, die Tatsache zu verdecken, daß es so etwas wie eine Wahrheit gibt, der wir verpflichtet sind – und nicht den Ergebnissen von Meinungsumfragen.

Tolerieren Sie Sünde. Tolerieren Sie jede noch so absurde Lebensphilosophie, die in Talkshows vorgetragen wird. Tolerieren Sie Filme, die historische Tatsachen einfach verdrehen oder Gewalt und Perversion in allen Varianten verherrlichen. Wenn Sie nur irgendwie können, tolerieren Sie Leute, die Elvis imitieren oder Boris Becker klonen wollen.

Bei diesem Entschluß, andere wahllos zu akzeptieren, egal was diese sagen oder tun, sollten Sie als mittelmäßiger Christ davon ausgehen, daß Sie genau mit dieser Haltung auf den Spuren Christi wandeln; stören Sie sich nicht daran, wenn von Ihnen gesagt wird, Sie hätten Toleranz mit Liebe verwechselt. Es wird nicht lange dauern und Sie werden mit dieser Haltung in den Augen von Parteien, Verbänden oder Interessengemeinschaften an Popularität gewinnen, denn diesen geht es vornehmlich darum, normale und tolerante Mitglieder für ihre Zwecke zu werben und keine engstirnigen und religiösen Typen, weil letztere sowieso immer nur dagegen sind, wenn man etwas Spaß im Leben haben will. Wenn Ihnen das alles, d.h. die Sache mit der Toleranz, so richtig gut gelingt, sollten Sie ernsthaft darüber nachdenken, für ein öffentliches Amt zu kandidieren.

Vergessen Sie nicht: die Gesellschaft bringt Toleranz für alles auf – außer für diejenigen, die an absoluten Wahrheiten festhalten. Letztere gelten als intolerant, egoistisch und als kleine, puritanische, rückständige, flennende ... nun, Sie wissen schon.

Zum weiteren Nachdenken: Wofür bringen Sie anderen gegenüber Toleranz auf, auch wenn es sich gegen das Christentum wendet? Was können Sie noch tolerieren, was Sie nicht sowieso schon tolerieren?

Tip 3   Leben Sie im Kreis der Ichbezogenheit

Äußerst entscheidend für ein Verharren in geistlich erbärmlichen Verhältnissen ist, daß Sie Ihr Leben analog zum „Kreis der Ichbezogenheit" gestalten. Im folgenden Diagramm wird dieser Lebensstil veranschaulicht:

Fig. 1

16

Um so mittelmäßig wie möglich zu leben, stellen Sie in das Zentrum Ihres Lebens „ICH und meine Bedürfnisse". Das muß immer das Allerwichtigste sein. Sie dürfen in Ihrem Leben niemals etwas – sei es ein Ereignis oder eine Entscheidung oder ähnliches – unter einem anderen Aspekt betrachten als dem: „ICH und meine Bedürfnisse".

Mit einem dynamischen christlichen Leben gesegnete Christen würden natürlich Gott als den größten Kreis haben und „ICH und meine Bedürfnisse" als den kleinsten. Sie dagegen müssen Gott möglichst am äußersten Rand in Schach halten, so daß sich die Kreise so wenig wie möglich berühren; möglichst nur am Sonntagmorgen oder in Notsituationen, zum Beispiel, wenn Ihr Flugzeug über dem Atlantischen Ozean in ein zweitausend Meter tiefes Luftloch plumpst, während Sie gerade versuchen, einen Früchtebecher mit Schlagsahne zu verspeisen.

Denken Sie genauso daran, „Andere" außerhalb Ihres Kreises zu halten. Die Art und Weise, wie Sie andere behandeln, zeigt, wie sehr Sie Gott lieben. Je weiter Sie sich andere vom Leibe halten, desto weiter werden Sie auch von Gott entfernt sein und damit auch um so weniger in Ihrer Mittelmäßigkeit beeinträchtigt sein.

Überflüssige Übung: Zeichnen Sie Ihr Lebens-Diagramm nach dem oben abgebildeten Muster. Welcher Kreis ist der größte? Überschneiden sich die Kreise an irgendeinem Punkt? Brauchen Sie überhaupt die beiden anderen Kreise? Diskutieren Sie das Ergebnis!

Effektive Christen strahlen Zufriedenheit aus; Sie müssen deshalb nach einem unzufriedenen Leben streben. Zufrieden zu sein bedeutet, innerhalb der gegebenen Umstände und Ereignisse einen bestimmten Zustand des Friedens erlangt zu haben. Es bedeutet Befriedigung. Ein wahrhaft mittelmäßiger Christ jedoch darf nie befriedigt und auch nicht zufrieden sein.

Im Hinblick auf Ihren Körper bedeutet das zum Beispiel, daß Sie mit Ihrem Aussehen unzufrieden sein müssen. Lamentieren Sie über Ihre große Nase, Ihre dünnen Lippen und die Lücke zwischen Ihren Zähnen. Wünschen Sie sich verzweifelt ein größeres Gehirn oder breitere Schultern und richten Sie Ihren Blick auf keinen Fall auf Gottes einmalige Schöpfung, die Sie sind.

Was Ihren Besitz, Ihre Finanzen und sonstigen materiellen Lebensumstände betrifft, dürfen Sie sich mit der Phase des Wohlstandes, in der Sie sich jetzt gerade befinden, auch nicht für den kleinsten Moment zufriedengeben. Schauen Sie immer nach denen, die mehr haben als Sie und gönnen Sie es ihnen nicht. Erfreulicherweise sind die meisten Christen im Westen von Natur aus unzufrieden.

Eines der besonderen Geheimnisse eines mittelmäßigen christlichen Lebens ist ein inneres Verlangen nach immer mehr und mehr. Von früh bis spät sollte es an Ihrem Herzen nagen. Es spielt keine Rolle, was genau dieses „Mehr" ist. Es könnte ein schicker Van mit Klimaanlage und CD-Wechsler sein oder ein Kühlschrank mit einer Maschine zur Herstellung von Eiswürfeln. Es könnte sogar etwas Geistliches sein. Ich kenne viele mittelmäßige Christen, die behaupten, sie würden sich nach einem „tiefergehenden geistlichen Leben" sehnen, aber eigentlich würde es auch reichen, wenn ihnen ab und zu ein Engel neben der Autobahnabfahrt ganz kurz zuwinken würde. Grundsätzlich und egal was sie erleben, sind sie stets unzufrieden mit den geistlichen Erfahrungen, die Gott ihnen gewährt.

Gehen Sie sicher, daß Sie Ihre chronische Unzufriedenheit hinter dem Schleier Ihrer hohen Ansprüche, großen Erwartungen und Ihrem Streben nach Großartigkeit verhüllen. Rechtfertigen Sie Ihre unaufhörlichen Versuche, die Leere in Ihrem Innern zu füllen, indem Sie vorgeben, „nach Höherem" zu streben. Nun, wir wissen schon, der Grund für einen Großteil dieses Geredes ist, daß Sie lediglich sich selber gratulieren, sich loben und schonen wollen. Und mit Ihrem „Streben nach Höherem" meinen Sie eigentlich, daß Sie noch mehr arbeiten wollen, um noch mehr Geld zu verdienen und um noch mehr Dinge zu kaufen, die Sie letztlich nicht erlösen werden.

Vertrauen Sie mir: Wenn Sie Unzufriedenheit zu einem täglichen Bestandteil Ihres Lebens machen, werden Sie garantiert an Mittelmäßigkeit gewinnen.

Ignorieren Sie folgende Bibelstelle: Hebräer 13, 5

Verdrängen Sie Schmerz *Tip 5*

Wenn Sie Christ oder Christin sind, dann ist es unvermeidlich, daß Sie Nöte und Schwierigkeiten erfahren und auch immer wieder erleben werden. Mittelmäßige Christen jedoch haben die vielseitige Kunst der Schmerzverdrängung gelernt.

Aus seiner unendlichen und unergründlichen Weisheit heraus hat der Schöpfer des Universums seinen Geschöpfen Schmerzen mit auf ihren Weg gegeben. Schmerzen sind der Anlaß, daß Menschen sich auf Gott besinnen, und sie sind auch der Grund dafür, daß sich Menschen vor allem auf Gottes Stärke verlassen und nicht auf ihre eigene; genauso können Schmerzen dazu anregen, die Augen und das Denken auf den Himmel zu richten, wo es keine Schmerzen mehr geben wird.

In einem mittelmäßig christlichen Leben aber wird man danach trachten, Schmerzen mit künstlichen Mitteln zu verdrängen oder gar abzutöten. Sie mögen denken, daß Drogen und Alkohol die einzigen Mittel zu diesem Zweck sind, doch glauben Sie mir, die moderne Gesellschaft hat dazu unendlich mehr Möglichkeiten zur Verfügung. Sie können vor dem Schmerz flüchten, indem Sie in den Fernseher gucken, Musik hören, sich total in Ihrer Arbeit verausgaben oder sogar in „religiöse" Aktivitäten einbinden lassen.

Wenn es sich um wiederkehrende Schmerzen handelt, wird gewöhnlich ein körperliches Problem diagnostiziert. Das Leiden kann dann in den meisten Fällen von einem Arzt behandelt werden. Genau so gut können durch schmerzhafte Lebensumstände auch geistliche Probleme an die Oberfläche gelangen; Dinge, die Sie längst vergessen zu haben meinten.

Sie tun gut daran, wenn Sie diese Arten von Schmerzen einfach ignorieren, denn auf diese Weise werden Sie Ihr geistliches Wachstum kontinuierlich hemmen, was quasi garantiert, daß Sie im gleichen Zug einen höheren Grad der Mittelmäßigkeit erreichen.

Diese ignorante Haltung sollten Sie auch im Hinblick auf die Schmerzen anderer zur Schau tragen. Wenn andere Schmerzen leiden, könnte dies eventuell ein Anlaß für Sie sein, sich bis zu einem bestimmten Grad mit den Leidenden zu identifizieren; erlauben Sie ihnen aber nicht, Sie in diesen teuflischen Kreislauf hineinzuziehen, wo Sie beginnen, sich selbst in Frage zu stellen, nur weil Sie sehen und erfahren, daß andere Personen tatsächlich Not und Schmerz leiden. Sagen Sie der oder dem Leidenden einfach, Sie würden für sie oder ihn beten, und dann sehen Sie sich ein Video an oder halten Sie ein Nachmittagsschläfchen.

Aus welchen Gründen auch immer scheinen Schmerzen bei engagierten Christen Ausdauer hervorzubringen und einen stärkeren Glauben zu fördern. Auf Ihrem mittelmäßigen Glaubensweg ist die Vermeidung genau dieser Konsequenzen jedoch die beste Strategie.

Überflüssige Übung: Um nicht über etwas Schmerzhaftes aus Ihrer Vergangenheit nachdenken zu müssen und wie es Ihre Beziehung zu Gott vertieft hat, notieren Sie in Ihrem Notizbuch wirkungslose Phrasen wie „ich will Schmerz verdrängen, ich will Schmerz verdrängen". Wiederholen Sie diese Übung so oft wie nötig.

Gründen Sie Ihren Glauben allein auf Gefühle und Erfahrungen   *Tip 6*

Woher wissen Sie, daß Sie eine Christin oder ein Christ sind? Für wahrhaft mittelmäßige Christen lautet die Antwort auf diese Frage jeden Tag anders.

Wenn Sie es mit Ihrem ineffektiven Christenleben ernst meinen, dann ist es unerläßlich für Sie, Ihr geistliches Wohlbefinden nicht auf das zu gründen, was Christus für Sie getan hat, sondern allein auf Gefühle und Erfahrungen.

Wenn Sie einen Verwandten haben, der Auge in Auge mit dem Tod auf dem Operationstisch ein weißes Licht aus dem Jenseits gesehen hat, nehmen Sie das als den Beweis für ein Leben nach dem Tode. Gründen Sie Ihre Erlösung auf jeden Traum, den Sie haben, besonders dann, wenn Sie kurz vor dem Zubettgehen eine ganze Pizza mit Salami und Käse, Schinken und Ananas, Pepperoni und Putenbrust, Sardellen, Tomaten, Champignons, Artischockenherzen, Mais, Meeresfrüchten und Ketchup gegessen haben.

Hören Sie auf die stillen, kleinen Stimmen, die aus der Fischdose kommen, die Sie gerade geöffnet haben. Achten Sie auf ein Zeichen von Gott, wenn Sie Ihre Lottozahlen tippen.

Es ist wirklich so, Sie werden sehr viel weniger Eindruck auf die Welt machen, wenn Sie Ihr geistliches Leben auf Gefühle gründen. Es kommt der Tag, da werden Sie hoch oben durch die Luft fliegen, weil eine kürzliche Gehaltserhöhung Sie von der Güte Gottes überzeugt hat. Am darauffolgenden Tag werden Sie dann zutiefst deprimiert sein, denn Ihnen fällt ein, daß Sie eine neue Kupplung für Ihr Auto brauchen. All dies ist fester Bestandteil des Auf- und Abschwungs im Leben eines mittelmäßigen Christen. An einem Tag sind Sie sich der Liebe Gottes sicher, am nächsten Tag stellt sich dieses Gefühl nicht ein und schon sind Sie total verwirrt.

Pflegen Sie keine Tiefe in Ihrem christlichen Leben. Hegen Sie statt dessen warme, verschwommene Gefühle gegenüber Gott. Kaufen Sie sich eine Gitarre und lernen Sie das schöne Lied „Komm, sag es allen weiter". Wenn Sie sich zum Ende hin bei dem etwas komplizierten A-Dur-Sept-Akkord mehrmals verspielen, seien Sie auf das wütende Gefühl gefaßt, das Sie dazu veranlaßt, die Gitarre nie mehr in die Hand zu nehmen und bei der Gelegenheit auch gleich dem Glauben abzuschwören. Behaupten Sie immer, daß Sie der Bibel glauben, aber glauben Sie in Wahrheit nur Ihren Erfahrungen und Gefühlen.

Frage zum Überlegen: Was ist Ihnen heute passiert, das Ihnen Aufschluß darüber gegeben hat, ob Sie eine Christin oder ein Christ sind oder nicht?

Beten Sie nur hin und wieder   *Tip 7*

Kommunikation ist einer der wichtigsten Faktoren in jeder Beziehung, und aus diesem Grund sollte Beten etwas sein, was Sie nur hin und wieder in Ihrem Leben praktizieren. Wenn Sie dahin kämen, Ihre Gemeinschaft mit Gott als etwas Unverzichtbares und Lebendiges anzusehen, würde in Ihnen ein Bedürfnis nach ununterbrochenem Austausch mit Gott wachsen. Zugegeben, der Gedanke, der König der Könige könnte zu jeder Zeit und in jedem Moment ein offenes Ohr für Sie haben, ist einfach zu überwältigend.

In einem mittelmäßig christlichen Leben allerdings kommt diese Art der Kommunikation nur sporadisch vor beziehungsweise ist sie einfach nur eine von vielen Ausdrucksmöglichkeiten, die eventuell zum Essen in Form eines Tischgebets gehört oder während des Gottesdienstes kurz wahrgenommen werden kann.

Wie ich schon vorher in diesem Buch bemerkt habe, sollten Sie nur beten, wenn es um die großen Entscheidungen in Ihrem Leben geht, zum Beispiel darum, wen Sie heiraten wollen, an welcher Universität Sie sich einschreiben sollen und ob das neue Familienauto mit getönten Scheiben und Klimaanlage ausgestattet sein soll oder nicht. Wenn Sie dem Zustand wahrer und echter Mittelmäßigkeit möglichst nahe kommen wollen, dann genügt sogar noch viel weniger Aufwand. Sie allein müßten sich lediglich vollkommene Klarheit über eine vor Ihnen liegende Entscheidung verschaffen und dann den Willen des Allmächtigen zart und leise Ihrem eigenen anpassen. Diese Vorgehensweise rechtfertigt nicht nur jede Ihrer Entscheidungen, sondern gibt Ihnen darüber hinaus auch ein gutes geistliches Gefühl, denn Sie können mit Recht sagen, Sie hätten die Angelegenheit „im Gebet vor Gott gebracht".

Gebet sollte etwas sein, das nicht vom Herzen kommt, sondern aus dem Kopf. Sie müssen immer das gleiche beten, immer wieder die gleichen Phrasen, denn dann fühlen Sie sich wohl – und ein wohliges, behagliches Gefühl gehört zu den wichtigsten Zielen eines mittelmäßigen Christen. Während des Gottesdienstes ist es in Ordnung, den Kopf zu senken oder niederzuknien, aber mit Ihren Gedanken dürfen Sie nicht bei den Worten sein, die Sie beten, sondern besser ist es, wenn Ihre Gedanken von den Bildern eines aufregenden Fußballspiels oder eines leckeren Abendessens beherrscht werden, oder wenn Sie an das exklusive Einkaufszentrum denken, das Sie besuchen könnten, wenn die Kinder in der Schule sind.

Da Sie über so viele Dinge nachdenken, während Sie beten, halten Sie Ihre Gebete kurz und bringen Sie sie auf den Punkt. Etwa so: „Ich möchte .... und ... Im Namen Jesu, Amen."

Meiden Sie folgende Bibelstelle: 1. Thessalonicher 5, 17

Singen Sie statt dessen folgendes Lied aus Ihrem Gesangbuch:

Süße Minute des Gebets,
süße Minute des Gebets,
süße Minute des Gebets,
mehr als dich kann ich nicht erübrigen.
Mir tut vieles leid und ich sündige mit Vergnügen,
aber ich versuche stets, damit allem
und jedem zusammen zu genügen.
Wenn ich verzweifelt bin und voller Trauer,
bete ich schnell zum großen Erbauer.
Aber alles läuft ganz prima und ganz klasse,
ich bin überhaupt nicht betreten,
deshalb verbringe ich auch nur eine halbe Minute
mit Beten.

Richten Sie Ihr Hauptaugenmerk auf Kleinigkeiten *Tip 8*

Da das ganze Thema des Glauben so nebulös ist und so schwer zu erfassen, ist es sehr ratsam, daß sich der mittelmäßige Christ ein paar wichtige Fragen auswählt, an denen er sich bei jeder sich bietenden Diskussion auf Gedeih und Verderb festbeißen kann. Zwar bringt diese grimmige Engstirnigkeit für Ihr geistliches Leben überhaupt nichts, doch sie wird Ihnen helfen, sich als Christ oder Christin zu fühlen, und Gefühle sind ja bekanntlich alles, wenn es darum geht, als Christ so wenig wie möglich auf die Reihe zu kriegen. Täglich müssen Sie Ihren Blick und Ihre Gedanken auf diese

25

speziellen Themen konzentrieren, nicht auf die Gnade Gottes und die umfassende Begleitung durch sein beratendes
Wort. Ihre selbst gewählten Themen versetzen Sie nicht nur
in die Lage, sich voll und ganz mit ihnen zu identifizieren;
darüber hinaus geben sie Ihnen auch noch das Gefühl, eine
rechtschaffene Person zu sein, und – nicht zu vergessen –
auch die Möglichkeit, Urteile über andere zu fällen.

Zum Beispiel bietet es sich an, einen Schwerpunkt Ihres
Glaubens auf den Zustand zu legen, in dem Sie in glückli-
cher Ekstase schwelgen oder felsenfest davon überzeugt
sind, daß das Ende der Zeiten exakt übermorgen stattfinden
wird. Ihr Lieblingsthema könnte auch die kaputte Heizung in
der Kirche sein, wenn Sie während des Gottesdienst gefroren
haben; oder daß das neue Gesangbuch keinen gelb-orange
gemusterten Einband hat. Oder das Kreuz in Bayerns Klas-
senzimmern. Oder das Zungenreden. Oder Sie sprechen
sich vehement dafür aus, daß Frauen sich daran gewöhnen
sollten, an jedem zweiten Sonntag des Kirchenjahres Kleider
mit kleinem Blumenmuster zu tragen.

Was genau Sie als Ihre speziellen Themen wählen, ist nicht
so wichtig wie die unbeirrbare Entschlossenheit, mit der Sie
an ihnen festhalten.

Selbstverständlich können Sie als Ihren persönlichen Glau-
bensgradmesser keine so offensichtlichen biblischen Wahrheiten wie die Sündlosigkeit Christi, seine Auferstehung oder
die Jungfrauengeburt wählen. Sie müssen sich schon für etwas entscheiden, was obskur genug ist, um unter Ihren
Glaubensschwestern und -brüdern umstritten zu sein. Auf
diese Weise tragen Sie dazu bei, die Spaltungen zwischen
den Christen weiter zu vertiefen, so daß diese sich noch
mehr untereinander beharken, anstatt einträchtig Eindruck
und Spuren in der Welt zu hinterlassen. Fernerhin erweisen
Sie sich auf diese Weise nicht nur selbst als mittelmäßiger

Christ, sondern verbreiten den Bazillus der Mittelmäßigkeit auch noch höchst effektiv in Ihrer Umgebung.

Überlegen Sie: Was könnten Ihre speziellen Themen sein, deren korrekte oder nicht korrekte Beantwortung Ihnen Aufschluß darüber gibt, wie christlich andere eingestellt sind? Wenn Sie sich bis jetzt noch keine detaillierten Gedanken darüber gemacht haben, dann wählen Sie am besten unter folgenden Vorschlägen:

1. Wie alt ist die Erde?
2. Wer ist der Autor des Hebräerbriefs?
3. Wie alt ist der Autor des Hebräersbriefs?
4. Wo genau, geographisch gesehen, schwamm Noahs Arche überall längs?
5. Welche Obstsorten wurden im Garten Eden gegessen?
6. Welche Größe hatten die Sandalen des Mose?

Streben Sie nach Unausgeglichenheit   *Tip 9*

Wenn Sie sich wirklich tief von innen her nach einem ineffektiven christlichen Leben sehnen, dann sollten Sie jetzt noch einen Schritt weitergehen: Leben Sie ohne Balance. Das Schiff Ihres Glaubens muß ohne Unterbrechung Schlagseite haben.

Das bedeutet vor allem eben auch, daß Sie keine Pause einlegen, wenn es darum geht, sich auf Kleinigkeiten zu konzentrieren. Wann immer es geht, sollten Sie versuchen, so weit wie möglich aus dem Ruder zu laufen, bei jeder sich bietenden Gelegenheit aus der Fassung zu geraten und von einem Extrem ins andere zu fallen.

Eine gute Möglichkeit wäre, sich so sehr um Ihre Familie zu kümmern, daß beide Elternteile aufhören zu arbeiten. Machen Sie sich klar, daß Sie keine wirklich guten Eltern sein können, wenn Sie nicht jeden wachen Moment des Tages damit verbringen, Ihre Kinder zu beschützen und zu unterweisen. Eine andere Möglichkeit ist aber auch, sich so sehr mit Ihrer Arbeit und Ihrer Karriere zu beschäftigen, daß Sie vollkommen vergessen, überhaupt Kinder zu haben. Oder verlieren Sie sich in einer Phantasiewelt mit künstlichen christlichen Charakteren, die mit Engeln kämpfen oder auf einsame Inseln auswandern. Wenn es Ihnen lieber ist, können Sie aber auch vollkommen in die Welt der Realität eintauchen. Denn Menschen, die überhaupt keine Phantasie und Träume haben, sind einfach nur „realistisch" und führen ein schrecklich freudloses und unkreatives Leben.

Ratsam ist es außerdem, daß Sie die Bibel nicht als ein in sich abgeschlossenes Buch betrachten, innerhalb dessen man zum Beispiel auch Verse und Abschnitte vergleichen kann. Ihnen steht es besser an, jeden biblischen Vers völlig losgelöst aus seinem Zusammenhang genauer unter die Lupe zu nehmen. Auf diese Weise können Sie Ihre „Nur Beten hilft"-Methode des Heilens mit einem Absatz aus dem Jakobusbrief rechtfertigen, obwohl gegen einen wohldosierten Schuß Penicillin vom Arzt – auch von Gottes Seite – nichts einzuwenden wäre, außer daß Sie ihn in der Arztpraxis abgelehnt haben.

Vielversprechend ist zudem die Aussicht, daß solch ein unausgeglichenes Leben Sie noch weiter vom Rest der Welt isolieren wird.

Überlegen Sie: Auf welche Art und Weise leben Sie heute

ein unausgeglichenes Leben? Wie können Sie dafür sorgen, daß Ihr Glaubensschiff noch mehr Schlagseite bekommt?

Hören Sie immer nur zu   *Tip 10*

Es mag Sie überraschen, daß vorbildlich mittelmäßige Christen heutzutage mehr über die Bibel lernen als alle anderen. Lassen Sie mich das erklären.

Jene, die ohne Unterbrechung Gottes Wort hören und sich mit ihm beschäftigen, haben eine wunderbare Gelegenheit, nie über ihre Mittelmäßigkeit hinauszukommen. Es handelt sich um jene Leute, die höchstwahrscheinlich fünf oder mehr Bibeln sowie ein extra Bücherbord mit christlichen Büchern und Kommentaren haben und „Amen" sagen und singen, während sie ihren christlichen Radiosender eingeschaltet haben (mit heruntergekurbelten Autofenstern und in voller Lautstärke). Diese Leute lehren in Bibelkursen, beantworten jede Frage über Jesus und die Apostel korrekt und verfügen über einen langen Atem in der zusätzlichen Bibelstunde am Mittwochnachmittag.

Das zentrale Wort für diese Leute ist „Hören", denn sie hören sich Gottes Wort ständig nur an und setzen es in ihrem Leben nicht um. Folgen Sie ihrem Beispiel!

Lassen Sie sich erfüllen von dem Verlangen, Fakten zu hören und Tabellen zu interpretieren sowie biblische Landkarten anzusehen, so daß Sie viele andere Leute mit den Informationen füttern können, die Sie fleißig notiert haben. Aber „folgen" Sie dem Wort nicht in Ihrem praktischen Lebensvollzug! Verlassen Sie jede Konferenz und jedes Seminar mit einem Hochgefühl, wenn Sie die komplette Gliederung des Hauptvortrags mit den wichtigsten Merksätzen und allen biblischen Belegstellen aufgeschrieben haben, aber rühren Sie nicht einen Finger, um Ihr eigenes Leben zu ändern.

Wenn Sie einer biblischen Ermahnung in bezug auf eine bestimmte Sünde begegnen, übersehen Sie diesen Abschnitt einfach, bis Sie zu einem gelangen, der Ihnen bestätigt, daß Sie schon alles richtig machen. Auf diese Weise gleichen Sie einem Menschen, der in einem Restaurant in einen Spiegel guckt und dabei nicht die Fleischreste zwischen seinen Zähnen erkennt, dafür aber um so schneller das panierte Kotelett auf dem Schoß seines Nachbarn entdeckt.

Hören Sie so viel wie nur möglich über das Christentum, aber werden Sie so wenig praktisch wie möglich und begnügen Sie sich mit minimalen Auswirkungen auf Ihr eigenes Leben.

Überlesen Sie immer folgende Bibelstelle: Jakobus 1, 23-25

Tip 11   Steigern Sie Ihre „geistliche Saugfähigkeit"

Es gibt eine weitere Komponente beim „Hören" des biblischen und göttlichen Wortes, die einen äußerst unnützen Beitrag zur Entwicklung Ihres Glaubenslebens liefern kann. Wie schon im vorhergehenden Abschnitt gesagt, hören einige Menschen Gottes Wort sehr wohl und sehr oft, aber ohne Konsequenzen für ihr praktisches Leben.

Leute, die theologische Informationen und biblische Fakten aufsaugen wie ein Schwamm, haben sich in der Tat für eine effektive Strategie entschieden, um der geistlichen Mittelmäßigkeit in ihrem Leben so viel Raum wie möglich zu geben.

Wie die passiven Zuhörer kommen sie zu jedem Gottesdienst, machen sich Notizen von den Predigten, lernen Bibelverse auswendig, fahren auf Freizeiten, kaufen christliche Bücher in Hülle und Fülle und abonnieren jede christliche Zeitschrift und jedes Mitteilungsblatt, in dem der Name Jesus mindestens einmal erwähnt wird. Sie kennen alle Könige aus dem Alten Testament, und zwar in alphabetischer Reihenfolge, kennen die Diäten der Propheten, wissen, wieviele Kalorien eine Heuschrecke hat und wieviel Noahs Arche heute kosten würde, wollte man sie mit dem Originalmaterial nachbauen. Sie verzehren sich geradezu nach der wahren Trivialität des Wortes.

Anders als die bereits beschriebenen passiven Hörer sind die geistlich hochsaugfähigen Hörer offen für Korrektur und würden ihre sündigen Gewohnheiten und Verhaltensweisen in ihrem Leben gern reduzieren oder gar ablegen. Was sie jedoch nicht tun, ist, ihr Wissen zu benutzen, um anderen zu helfen. Sie weigern sich, auch nur ein einziges Mal den Bibelkreis vorzubereiten. Für leitende Aufgaben in der Gemeinde stehen sie generell nicht zur Verfügung. Sie beteiligen sich weder am Fahrdienst für alte oder behinderte Gemeindeglieder noch sind sie bereit, die Kollekte einzusammeln. Vor allem führen sie mit keinem Menschen außerhalb ihrer Gemeinde ein bedeutungsvolles Gespräch über das, was sie wissen.

Bezeichnen Sie solche Leute als schüchtern, intellektuell oder introvertiert. Rechnen Sie aber nicht mit ihnen, wenn im Verlauf des Gottesdienstes ein lautes Gebet gesprochen werden soll.

Wenn Sie mehr über die Bibel und über das christliche Leben lernen wollen, eifern Sie den geistlich Hochsaugfähigen nach; Sie werden dann mit viel Wissen, vielen Fakten und Einzelheiten erfüllt werden, aber leer sein und nichts zu bieten haben, wenn es um die konkreten Bedürfnisse und Nöte Ihres Nächsten geht.

Aktivaufgabe: Welches Fitzelchen biblischen Wissens, das ein Leben verändern würde, könnten Sie heute nur für sich allein behalten?

Tip 12 Bringen Sie Ihre Kinder regelmäßig in Rage

Einer der phantastischsten und großartigsten Wege, Ihren mittelmäßigen Glauben und Ihre Untauglichkeit als Christ vor anderen zu demonstrieren, ist die Art und Weise, wie Sie Ihre Kinder behandeln. Jeder weiß, wie irritierend es für die kleinen Ungeheuer ist, wenn Sie Ihren Frust und Ihre Inkonsequenz vor ihnen zur Schau stellen. Die gute Nachricht lautet, daß Sie noch viel weiter gehen können: Provozieren Sie Ihre Kinder. Reizen Sie sie mit Ihren Worten. Lassen Sie sie niemals fühlen, daß sie akzeptiert und angenommen sind oder daß ihre Leistungen gut genug sind.

Sollten Ihre Kinder noch klein sein und Sie Ihnen gerade beibringen wollen, wie sie ihr Bett machen können, loben Sie sie überschwenglich, während Sie ganz schnell noch einmal über das Laken streichen, die Bettdecke aufschütteln und das Kopfkissen frisch beziehen. Mit ein paar einfachen Handbewegungen geben Sie Ihren Kindern dabei zu verstehen, daß sie Ihre Maßstäbe niemals erfüllen können.

Finden Sie den einen Grashalm, den Ihr Sohn beim Rasenmähen übersehen hat. Kritisieren Sie die beste Freundin Ihrer Tochter, weil diese einen Eichhörnchenzahn-Ohrring trägt. Mäkeln Sie über eine Zwei in der Mathearbeit. Machen Sie sich lustig über eine Lieblingspopgruppe, zum Beispiel mit der Bemerkung: „Die klingen ja wie eine Horde mißhandelter Labormäuse".

Beginnen Sie Ihre Sätze mit Phrasen wie: „Als ich in deinem Alter war..." Niemals, egal unter welchen Umständen auch immer, dürfen Sie sich in der Gegenwart Ihrer Kinder entschuldigen oder gar einen Fehler zugeben. Denken Sie vor allem daran, Ihre Kinder nicht als die einmaligen Wesen zu behandeln, als die Gott sie geschaffen hat, sondern sorgen Sie dafür, daß sie sich Ihrem Geschmack, Ihren Bedürfnissen und Ihren Vorlieben anpassen. Das wird die Kreativität Ihrer Kinder ersticken und sie nach Ihrem Ebenbild formen, und nicht nach dem des himmlischen Vaters.

Reizen Sie Ihre Kinder bis zu dem Punkt, an dem sie ihre Zähne zusammenbeißen und wenigstens einmal am Tag schreiend in ihrem Zimmer verschwinden; und dann bestätigen Sie sich selbst mit dem Gedanken, daß genau diese Behandlung die Entwicklung von starken Persönlichkeiten fördert. Denken Sie daran, unfähige Eltern können alles so hindrehen, daß es gut und richtig ist.

Überlegen Sie: Wie hat man Sie als Kind in Rage gebracht? Auf welche Art und Weise könnten Sie diese Methode heute in bezug auf Ihre Kinder kopieren?

In all den Jahren, in denen ich die Spezies des mittelmäßigen Christen erforscht habe, konnte ich bis heute kein Exemplar finden, welches für irgendetwas dankbar gewesen wäre. Ich bin überzeugt davon, daß dieser Mangel das auffälligste Merkmal eines lauen und lahmen Christen ist, wenn nicht sogar das Gütesiegel schlechthin.

Wenn Sie sich mal einen Moment hinsetzen – egal, wie Ihnen gerade zumute ist – und all die guten und segensreichen Dinge in Ihrem Leben auflisten würden, die sich so ereignet haben, dann würden Sie sicherlich Unmengen von Papier und eine Handvoll Kugelschreiber brauchen. Eben aus diesem Grund rate ich Ihnen, genau das auf keinen Fall zu tun: Setzen Sie sich niemals in Ruhe hin und werden Sie sich auch niemals all der guten und segensreichen Dinge in Ihrem Leben bewußt, die Ihnen bis jetzt passiert sind. Wenn Sie es nämlich täten, könnte es in Ihnen eigentlich nur Dankbarkeit hervorbringen, aber exakt mit dieser sollten Sie sich nicht belasten.

Seien Sie nicht dankbar für Gottes Treue. Wenn Sie eine wunderbare Antwort auf Ihre Gebete empfangen, vergessen Sie sie ganz schnell wieder. Schreiben Sie sie nicht in Ihrem Gedächtnis fest und erzählen Sie auch anderen nicht von Gottes Güte.

Seien Sie nicht dankbar für so banale Dinge wie ein Dach über Ihrem Kopf und das Essen auf dem Tisch. Vergleichen Sie sich nicht mit den Menschen in der Welt, die damit nicht gesegnet sind. Vergleichen Sie sich statt dessen mit den wenigen, die größere Häuser mit schöneren Möbeln und einem geräumigeren Dachboden haben.

Seien Sie nicht dankbar für geistlichen Segen. Seien Sie nicht dankbar für Gottes Wort, sondern jammern Sie, daß Sie lieber zu Zeiten des Alten Testaments leben würden, wo Männer wie Hiob und Mose einst laut und deutlich und mit eigenen Ohren die Stimme Gottes hören konnten.

Wenn Sie unverheiratet sind, sollten Sie sich sehnlichst eine Partnerin oder einen Partner wünschen und keinesfalls dankbar sein für die Freiheit und all die Möglichkeiten, die Sie unverheiratet genießen. Wenn Sie verheiratet sind, sehnen Sie sich verzweifelt nach dem Alleinsein; seien Sie in keinem Fall dankbar für den Weg, den Gott Ihnen zugedacht hat.

Vergessen Sie nicht, wie simpel es ist, das Feuer der Undankbarkeit am Brennen zu halten, wenn Sie es mit einer permanenten Haltung der Undankbarkeit immer wieder anheizen!

Aktivaufgabe: Machen Sie eine Liste mit den Dingen, für die Sie heute nicht dankbar sind, und tauschen Sie sich mit einem Freund darüber aus!

Lahmes Lied für laue Christen:

Zähl deine Probleme, zähl deine Probleme,
Wenn du darniederliegst auf den Kissen des Lebens,
Wenn alles Mist ist und vergebens.
Addiere all das Negative zusammen, was du siehst,
Und du wirst erstaunt sein, wie schnell du wütend schniefst.
Zähl deine Probleme, immer schön der Reihe nach.
Zähl deine Probleme, schrei Gott an
wegen deinem Ungemach.
Zähl deine vielen Probleme, mach die Liste richtig lang.
Zähl deine vielen Probleme, ja auch bei diesem Gesang.

Wenn es Ihnen ernsthaft darum geht, ein ineffektiver Christ zu sein, müssen Sie danach streben, daß man Ihnen dient. Andere nehmen natürlich fälschlicherweise an, daß Sie nicht besser sind als sie. Bei jeder Gelegenheit müssen Sie andere merken lassen, wie wichtig Sie wirklich sind. Setzen Sie sich immer an das obere Ende der Tafel; dorthin, wo die wichtigen Leute sich versammeln. Bei der Arbeit lassen Sie andere wissen, daß Sie es gewesen sind, der zuerst die gute Idee hatte. Wenn es in Ihrer Familie an der Zeit ist, das Badezimmer zu putzen oder die zertretenen Erbsen vom Küchenboden abzukratzen, lassen Sie das von Ihrer Frau oder Ihrem Mann oder von den Kindern machen. Auf diese Weise wird denen klar, daß Sie die mit Abstand wichtigste Person im Hause sind.

Sitzen Sie in der Kirche ganz vorne, möglichst in der ersten Reihe, so daß alle hinter Ihnen Sitzenden in der Gemeinde eine Ahnung davon bekommen, wie ausersehen und begabt Sie sind. Beteiligen Sie sich niemals an solchen Aufgaben wie dem Aufstellen der Stühle vor einem Kirchenkonzert oder dem Fegen der getrockneten Cornflakes nach dem Kinderbibeltag. Auf diese Weise können Sie keinen Ruhm erlangen, Ihre Anstrengungen könnten von niemandem bemerkt werden, keiner würde Ihnen danken. Ein ineffektiver Christ strebt immer nach Anerkennung.

Folgen Sie nicht Christus und seinem Beispiel, werden Sie nicht wie die Jünger. Vor anderen Leuten müssen Sie sich immer als jemand zu erkennen geben, der Anführer ist, etwas zu sagen hat und sich mit keiner geringeren Rolle zufrieden geben will.

Streben Sie danach, daß andere Ihnen applaudieren. Halten Sie Ihren Kopf in jeden Scheinwerfer. Nützen Sie jede Gelegenheit, anderen klarzumachen, daß sie sich vor Ihnen verbeugen sollten. Und wenn Sie Applaus einheimsen und Ihre Fähigkeiten inbrünstig gelobt werden, dann verscheuchen Sie Ihre Bewunderer mit einer lässigen Handbewegung und gehen Sie ihnen aus dem Wege. Diese Haltung wird Ihre Mitmenschen davon überzeugen, daß Sie ein wahrhaft demütiger Mensch sind, und sie weiter dazu anregen, Ihnen noch mehr zu dienen.

Fragen zum Überlegen: Auf welche Weise habe ich in der letzten Woche dafür gesorgt, daß mir gedient wird? Wie könnte man mir noch besser dienen? Wen kann ich beim nächsten Mal dazu bringen, die Erbsen abzukratzen? Warum schmeißen die Kinder am Kinderbibeltag überhaupt so viele Cornflakes auf den Boden?

Hinterfragen Sie nie Ihren Lebensweg   *Tip 15*

Sie werden in eine neue, interessante Phase Ihres mittelmäßigen Christseins gelangen und dort auch verharren, wenn Sie Ihren Lebensweg nie hinterfragen. Um den maximalen Effekt zu erreichen, hören Sie vor allem sofort damit auf, Ihre Beziehung zu Ihrem Schöpfer zu analysieren. Richten Sie Ihre Aufmerksamkeit und Ihre Energien statt dessen auf andere Dinge im Leben.
Als erstes sollten Sie sich immer mit etwas beschäftigen. Halten Sie sich selbst so auf Trab, daß Ihnen keine Zeit mehr bleibt, über den Sinn des Lebens, über die ewige Bestimmung der Menschen in Ihrer Nähe und über Ihr eigenes Ver-

bleiben nach dem Tod nachzudenken. Blocken Sie jeden Gedanken über die Kürze des Lebens ab. Wenn jemand über den Tod spricht, lenken Sie das Gespräch auf „positivere" und angenehmere Themen. Diskutieren Sie niemals über das Leben nach dem Tod. Leben Sie für den Moment, nicht für die Ewigkeit.

Zweitens: der wirksamste und beste Begleiter eines geschäftigen Lebens ist ein vollgestopftes Leben. Füllen Sie Ihr Leben mit freundlichem Geplapper aus, mit Geschwätz über das Wetter und dem Sinnieren darüber, warum es dieses Jahr viel kälter zu sein scheint als letztes Jahr. Überfrachten Sie Ihr Leben mit zahllosen, unverschiebbaren Terminen, die sich nahtlos aneinanderreihen, so daß der Eindruck entsteht, Sie würden wie ein Automat leben und nicht wie ein Mensch.

Und drittens widerstehen Sie der Versuchung, Ihre Motive zu erforschen, wie zum Beispiel das „Warum" Ihres Tuns und Lassens. Leben Sie so, als hätten Sie das alles schon vor Jahren geklärt. Auf diese Weise werden Sie oberflächlich, was ein effektiver Nebeneffekt des geschäftigen Lebens ist.

Ein unreflektiertes Leben zu führen bedeutet, Gedanken über das Kreuz und den Gekreuzigten oder darüber, ob Sie Ihre eigene Bequemlichkeit und Sicherheit zu Ihrem Gott gemacht haben, bei jeder Gelegenheit auf der Stelle zu unterdrücken. Ehrlich gesagt, sich überhaupt noch länger mit diesem Thema zu befassen, ist auch gar keine gute Idee. Lassen Sie es und leben Sie. Seien Sie glücklich. Suchen Sie Ihre eigene Erfüllung. Und wenn Ihnen Ihre Mittelmäßigkeit lieb ist, dann denken Sie auf keinen Fall weiter darüber nach!

Meiden Sie folgende Bibelstelle: Psalm 139, 23

Selbst wenn Sie alle anderen Tips in diesem Ratgeber nicht berücksichtigen und nur diesen einzigen Tip befolgen würden, könnte Ihnen eine eindrucksvolle Karriere als mittelmäßiger Christ immer noch gelingen. Es ist ganz einfach: Gehen Sie engen Beziehungen aus dem Weg!

Ein lauwarmer, schlaffer Glaube kann nur effektiv zum Tragen kommen, wenn Sie sich andere konsequent vom Leibe halten. Wenn Sie gesündigt haben, dann legen Sie vor einer anderen Person kein Bekenntnis ab. Geben Sie unter keinen Umständen Ihre tiefsten Gedanken und Sehnsüchte preis. Wenn so ein Gespräch auf Sie zuzukommen scheint, dann öffnen Sie sich nicht und erlauben Sie auch anderen nicht, Ihnen gegenüber offen zu sein. Seien Sie niemals für einen anderen Menschen da, denn dann setzen Sie sich der Gefahr aus, daß Sie Gefallen an der inneren Bereicherung und dem persönlichen Wachstum finden, die solche Art von Austausch, Gesprächen und Kontakten mit sich bringt.

Wenn es Ihnen darum geht, viele oberflächliche Beziehungen zu haben, müssen Sie lernen zu sagen: „Hallo, wie geht´s?" und auf diese Frage selbstverständlich keine ernsthafte Antwort erwarten. Ihnen sollte es nur darum gehen, ein lahmes Interesse vorzugaukeln im Sinne von „Ich gebe nur ein höfliches Hallo Ihnen gegenüber von mir, damit ich mich ganz schnell einer anderen oberflächlichen Beziehung zuwenden kann"; also sagen Sie einfach nur: „Danke, gut, und selbst?", und schon ziehen Sie weiter.

Natürlich will Gott, daß Sie tiefgehende Beziehungen mit Menschen haben, damit Sie im Gegenzug Ihre Beziehung zu ihm vertiefen können. Oft stellt er Menschen in Ihr Leben, von denen Sie lernen können und die Ihre harten Kanten etwas abschleifen. Gott konfrontiert Sie mit anderen und gebraucht Sie dazu, andere zu konfrontieren. Er liebt es, Sie mit anderen zusammen zu sehen, weil er jenen eine wichtige Funktion in Ihrem Leben zugedacht hat.

Der wohlmeinendste Rat, den ich Ihnen deshalb geben kann, ist, andere Menschen gründlich zu meiden, wie und wo es nur geht.

Wichtige Frage zum Überlegen: Welche Person, um Himmels willen, kennt Sie am besten und wünscht sich eine engere Beziehung mit Ihnen? Reagieren Sie nicht, wenn Sie heute von ihr angerufen werden! Distanzieren Sie sich ganz konsequent!

Tip 17   Behandeln Sie Gott wie einen Kumpel

Allmächtiger. Absoluter Herrscher. Wunderbarer König. Siegreicher Herr. Teurer Erlöser. Herrlicher Heiland. Friedefürst. Ewiger Vater.

Dies alles sind Bezeichnungen, die Sie weder gebrauchen oder gar denken dürfen, wenn Ihnen Ihre Untauglichkeit als Christ wirklich lieb ist. Preisen Sie Gott nicht als Herrn über alles in Ihrem Leben, sondern ziehen Sie ihn herunter auf Ihre irdische und alltägliche Ebene. Sehen Sie Gott einfach als Ihren himmlischen Kumpel an.

Der nette, gute, freundliche Herr. Der Mann da oben. Der alte Mann mit dem weißen Rauschebart. Mister Jesus. Das bekannte Lied „Welch ein Freund ist unser Jesus" sollten Sie so kumpelhaft wie möglich verstehen. Wenn Sie in der Versuchung sind zu sündigen, stellen Sie sich Gott nicht auf seinem Thron vor, umgeben von anbetenden Engeln und Wesen, die einfach zu wundervoll sind, um sie zu beschreiben. Machen Sie sich kein Bild von seiner alles überstrahlenden Gerechtigkeit oder von sich selbst in Ihrer Ehrfurcht, wenn Sie vor seinem Angesicht ergriffen in die Knie gehen.

Stellen Sie sich Jesus in einer Strickjacke und in Jeans vor, wie er seinen Arm um Sie legt und sagt: „Alles o.k. Kumpel. Vergiß die kleinen Sorgen, ich kümmere mich schon darum." Wenn Sie das tun, dann ist das so, als betrachteten Sie das Opfer, das Jesus für Sie am Kreuz vollbracht hat, als etwas, was ein x-beliebiger Geschäftspartner für den anderen tun würde.

Wenn Sie an Gott denken, dann stellen Sie sich ihn als einen Großvater vor, der seine Enkelkinder abgöttisch liebt, im Schaukelstuhl sitzt und seinen Bart streichelt. Beten Sie lässig und ohne Ehrfurcht und Verehrung; formulieren Sie Ihre Gebete ungefähr so: „Hi Gott, ich bin´s."

Wenn Sie Ihre Gedanken darauf konzentrieren, den Allmächtigen und den allwissenden Herrscher der Welt wie eine beliebige andere Person zu behandeln, dann sind Sie zweifellos auf dem rechten Pfad zu einem wundervoll unverbindlichen, oberflächlichen Leben.

Meditationsecke: Auf welche Weise haben Sie den großen Meister diese Woche als Kumpel behandelt? Gehen Sie in sich!

Um die Saft- und Kraftlosigkeit Ihres Glaubenslebens zu ge-währleisten, müssen Sie nach einem stagnierenden Leben streben. Wenn Sie dieses Ziel erreichen wollen, dann ist es vorteilhaft, wenn Sie all Ihre Anstrengungen, die auch nur ansatzweise mit Ihren Träumen zu tun haben, schon im Keim ersticken.

So wie ich Träume verstehe, sind diese gottgegeben und ha-ben etwas mit dem Sinn des Lebens zu tun. Unter letzterem verstehen einige Menschen das Schreiben; andere haben den Traum, Pastor, Lehrer oder Evangelist zu werden, und wiederum für andere – vor allem für Großfamilien – ist es einfach das Kunststück, mit den sechs Kindern angezogen und pünktlich zum Gottesdienst zu erscheinen, obwohl man in diesem speziellen Zusammenhang eher von einem from-men „Wunsch" sprechen sollte als von einen „Traum".

Sicher haben Sie auch schon erlebt, daß es bestimmte Träu-me oder gar einen bestimmten Traum gibt, der sich immer wieder bei Ihnen meldet, so als ob Gott nicht ablassen woll-te, Ihnen eine bestimmte, wichtige Botschaft nahe zu brin-gen. Egal was Sie tun, Sie können nicht aufhören, an diesen Traum zu denken; wie es zum Beispiel wäre, wenn Sie end-lich den Hauskreis gründeten, den Sie schon immer einmal gründen wollten; oder eine Suppenküche für die Armen ins Leben riefen, damit auch noch andere etwas von Ihren Koch-künsten haben; oder Ihren Job wechselten, damit Sie mehr Zeit für die Familie hätten.

Gegen diese kleinen Einflüsterungen des Allmächtigen müs-sen Sie ankämpfen. Sie müssen sich selbst sagen, daß das al-les sowieso nicht funktionieren, viel zu viel Geld kosten und garantiert keinen Menschen interessieren würde.

Behalten Sie vor allem Ihren hartnäckigsten Traum ganz für sich, denn wenn Sie über ihn sprechen würden, sei es auch nur in der Gegenwart Ihrer besten Freunde, dann könnte sich das als fataler Fehler erweisen. Letztere könnten nämlich auf die Idee kommen, daß Ihr Traum eine phantastische Idee ist, und Sie ermuntern, ihn in die Tat umzusetzen. Wenn Sie es allerdings nicht schaffen, mit Ihrem Traum hinter dem Berg zu halten, dann gehen Sie auf Nummer Sicher und umgeben Sie sich mit solchen Leuten, deren hervorragende geistliche Gabe die der Entmutigung ist. Fühlen Sie sich wie zuhause bei denen, die Sie auslachen und Ihnen erklären werden, wie albern und dumm es für jemanden wie Sie ist, überhaupt solche Träume zu haben.

Um möglichst mittelmäßig und unverbindlich zu leben, töten Sie Ihre Träume, einen nach dem anderen, und Sie werden wie ein Strom lauwarmen Wassers sein, der sich bei stets gleichbleibendem Pegel langsam dahinwälzt.

Aktivaufgabe: Schreiben Sie Ihren hartnäckigsten Traum auf ein Blatt Papier und zerreißen Sie letzteres dann in kleine Stücke. Wiederholen Sie das so oft, bis Sie den Traum vollkommen vergessen haben.

Denken Sie negativ   *Tip 19*

Einige Christen scheinen die Einstellung zu haben, daß das Glas halbvoll ist; daß es einen Silberstreifen hinter jeder dunklen Wolke gibt; und sie bringen es fertig, aus den sauren Äpfeln, in die sie im Laufe ihres Lebens haben beißen müssen, wohlschmeckenden Apfelsaft zu machen. Wenn Sie es mit Ihrer Mittelmäßigkeit jedoch ernst meinen, dann müssen Sie sich von solchen Leuten weit entfernen und Ihre Energie dafür einsetzen, gegenüber dem Leben eine negative Haltung zu hegen und zu pflegen. An dieser Stelle könnten Sie auf die Idee kommen, ich würde mich über die üblichen Möglichkeiten und Wege auslassen wollen, auf denen eine negative Lebenseinstellung zu allem und jedem demonstriert werden kann. Glauben Sie mir, es gibt eine Million kleiner Straßen und Kanäle, auf denen jeden Tag Furcht und Schrecken und schlechte Laune verbreitet werden können.

Denken Sie allein an das Wetter! Beklagen Sie sich darüber, daß es entweder zu heiß oder zu kalt beziehungsweise zu naß oder zu trocken ist. Wenn der Winter mit wenig Sonne voranschreitet, äußern Sie bei jeder Gelegenheit Ihren Mißmut über Dunkelheit und Kälte. Und dann, am ersten wirklich warmen Frühlingstag, beschweren Sie sich bei anderen darüber, wie heiß es ist und daß die Sonne Sie blendet.

Eine negative Haltung läßt sich vorzüglich auf die Dinge gründen, die Sie nicht ändern können, wie zum Beispiel das Wetter, Ihren Ehepartner und Ihre Kinder, aber auch auf andere Unabänderlichkeiten wie zum Beispiel Ihre Gartenhecke, Ihr regelmäßiges Ein- und Ausatmen und auch Ihren Zensurendurchschnitt. Die Hälfte der Miete und der Annehmlichkeiten einer negativen Lebenseinstellung ist die Neigung, die Fehler und das Übel der Welt in den Dingen zu entdecken, die Sie eigentlich tatsächlich ändern könnten. Aufgrund Ihrer Sturheit und Ihrer Faulheit sind Sie dazu aber nicht bereit, und das ist ganz prima.

Eine negative Einstellung beginnt am frühen Morgen, gleich wenn Sie den jungen Tag erblicken. Sollte es tief in Ihnen drinnen eine Regung geben, die sich freut und lächelt angesichts der vor Ihnen liegenden Möglichkeiten, müssen Sie sofort Zuflucht in dem Gedanken suchen, daß es eigentlich noch viel zu früh zum Aufstehen ist oder schon zu spät; oder Sie erinnern sich daran, wie schlecht Sie aussehen oder wieviel Pfund Sie abnehmen sollten.

Ihre schlechte Laune und Ihre negative Einstellung ist wirklich nicht weiter als einen kleinen Gedanken entfernt, und dieser ist wiederum nur eine der vielen Nebenstraßen, die Sie mit Ihrer eingefahrenen Lebenshauptstraße als mittelmäßiger Christ verbindet.

Nega-Quiz: Auf einer Skala von 1 bis 10 schätzen Sie sich selbst ein: wie negativ sind Sie eingestellt? Erläutern Sie Ihre Antwort mit Beispielen. Holen Sie sich bei anderen Rat, wie Sie sich heute noch negativer einstellen könnten. Beschweren Sie sich ausführlich über die Länge dieses Quiz bei einem Freund oder bei einer guten Bekannten.

Wählen Sie immer die schnelle   *Tip 20*
do-it-yourself-Lösung

Wenn Sie schon seit geraumer Zeit Christ oder Christin sind, dann wissen Sie, daß das Leben sehr schwierig sein kann. Aus irgendeinem Grund erspart Gott Ihnen brenzlige Situationen und schwierige Lebenslagen nicht; manchmal scheint es sogar, als ob er noch Probleme hinzufügen würde. Der mittelmäßige Christ wird an solchen Tagen des Durcheinanders und der Verwirrung versuchen, die Schwierigkeiten mit Selbsthilfebüchern, mit Anfragen in Radiosendungen und

Auftritten in Talkshows zu beheben, in denen die allseits populären Zehn-Schritte-Lösungen propagiert werden.

Die folgende Vier-Schritte-Lösung stammt von mir und kann Ihnen sehr gut als vorbildliches Beispiel dienen:

Schritt 1: Erkennen Sie, daß Sie ein Problem haben, und beginnen Sie, nach jemandem zu suchen, der einfache Antworten hat. Der ersten Person und dem ersten Buch, die ein schmerzloses Ende Ihrer Schwierigkeiten versprechen, sollten Sie glauben – oder auch dem billigsten Seminar, wenn Sie finanzielle Probleme haben.

Schritt 2: Finden Sie jemand, der Ihnen ganz präzise Anweisungen gibt, wie Sie Ihr Problem lösen können. Diese Ratschläge sollten auf keinen Fall so nebulös sein wie „Beten Sie für Ihr Problem" oder „Gucken Sie doch mal nach, welche Bibelstellen bei Ihrem Problem helfen könnten". Eindeutig effizienter ist es, wenn die Ratschläge so pointiert sind wie „Erklären Sie am besten gleich Ihren Bankrott" oder „Das Beste ist, Sie setzen Ihre frühreife Tochter noch heute nacht auf die Straße".

Schritt 3: Treffen Sie Ihre Entscheidungen, ohne irgendeinen Freund oder eine Vertraute zu konsultieren, der/die Sie gut kennt und an Ihrem Wohlergehen interessiert ist. Solche Leute stehen eigentlich nur im Weg und haben die Tendenz, ein Problem über Tage oder sogar Wochen hinzuziehen.

Schritt 4: Vertrauen Sie Ihren Instinkten. Nachdem Sie Ihre schnelle Lösung gefunden und Ihre rasche Entscheidung getroffen haben, verlassen Sie sich ganz auf Ihren eigenen Verstand und Ihr Wissen. Denken Sie daran, Gott liebt jene, die sich immer selbst helfen. Christen, denen es darum geht, ein leichtes Leben zu haben, gehören zu denen, die auf längere Sicht gesehen die mittelmäßigsten sind.

Als Faustregel sollten Sie beherzigen: entscheidend ist die Suche nach einer Lösung, nicht nach Gott.

Meditationsecke: Beschreiben Sie eine Phase in Ihrem Leben, in der Sie nicht nach den schnellen Antworten gesucht haben. Stellen Sie sich vor: Wie anders würden Sie heute sein, wenn Sie einer Zehn-Schritte-Lösung gefolgt wären?

Praktizieren Sie einen süßen Milch-und-Honig-Glauben *Tip 21*

Es ist von zentraler Bedeutung, daß Sie Ihr geistliches Leben auf einem unterentwickelten Niveau halten, um Ihre Mittelmäßigkeit in ungeahnte Höhen zu treiben. Ein Weg, dies zu erreichen, ist, einen süßen Milch-und-Honig-Glauben zu praktizieren: damit meine ich, daß Sie nur die süße Milch und den Honig des biblischen Wortes genießen sollten und sonst nichts.

Lernen Sie den Vers aus Johannes 3,16 und seien Sie in der Lage, ihn jederzeit klar und deutlich wiederzugeben, aber haben Sie keine Ahnung und keine Vorstellung davon, was die ihm vorangegangenen Verse bedeuten oder in welchem Zusammenhang der Vers überhaupt steht. Wenn jemand eine schwierige theologische Frage stellt über ein Thema, welches mit Johannes 3,16 eigentlich nichts zu tun hat, erwidern Sie: „Nun, in Johannes 3,16 steht ..." Wählen Sie Johannes 3,16 zum wichtigsten Bibelvers Ihres Lebens, der auf alle Fragen und für jede Situation eine Antwort ist und zitieren Sie ihn immer mit einem leeren Lächeln.

Lesen Sie in einer Bibel, die mit vielen Bildern illustriert ist. Konzentrieren Sie sich auf die Kapitel, die durch die lebhaftesten Farben auffallen.

Es wird Zeiten geben, in denen Sie sich herausgefordert fühlen, auch andere Teile der Bibel zu betrachten und über sie nachzudenken. Da rate ich Ihnen: wenn es Ihnen nur irgendwie möglich ist, träumen Sie in den Tag hinein. Denken Sie an Liebe, an Harfen, an Wolken und all den Spaß, den Sie einmal im Himmel haben werden. Wenn Sie aber lesen müssen, picken Sie sich die Abschnitte heraus, in denen von der Liebe Gottes die Rede ist, und lassen Sie diejenigen aus, in denen im Zusammenhang mit Gott über Heiligkeit, Gerechtigkeit oder Gericht gesprochen wird.

Sie können fest damit rechnen: Wenn Sie sich permanent mit der Milch und dem Honig des biblischen Wortes vollllaufen lassen und sonst nichts (zum Beispiel Fleisch, Gemüse, Obst oder andere Beilagen) zu sich und zur Kenntnis nehmen und verdauen, dann werden Sie geistlich keinen Zentimeter weiter wachsen, sondern wie ein unreifes Kind in Ihrem Glauben bleiben und kaum einen Eindruck in der Welt hinterlassen.

Empfohlener Vers zum Lesen: 1. Petrus 2, 2a. Lesen Sie den ersten Teil des Verses, dann zeichnen Sie mit einem Buntstift Ihrer Wahl ein Bild von Gottes Liebe. (Denken Sie daran, Sie können ruhig das ganze Blatt nutzen, nicht nur eine kleine Ecke, und wenn Sie beim Anmalen sind, dann passen Sie genau auf, daß Sie innerhalb der Linien bleiben ohne überzumalen.)

Wie schon erwähnt, schießt sich der durchschnittlich mittelmäßige Christ auf ein seiner Meinung nach wichtiges Thema ein und gründet darauf seine Lebensbestimmung. Da Musik so ein kontroverses Thema sein kann, gibt es für den aufrechten mittelmäßigen Gemeindechristen kaum einen besseren Ansatzpunkt, um aktiv zu werden.

Musik kann die Seele anregen. Zu ihren herausragenden Qualitäten gehört, daß sie theologische Wahrheiten erklären und die Tiefe von göttlichen Eigenschaften wie Gnade, Glanz und Erhabenheit ausloten kann. Mittelmäßige Christen bemächtigen sich der wundervollen Gabe der Musik und nutzen sie, um in der Gemeinde Zwietracht zu säen.

Nun kann es sein, daß die Gemeinde Mitglieder hat, die sich dafür aussprechen, nur Lieder aus dem Gesangbuch zu singen, die vor 1800 geschrieben worden sind. Andere mögen die Auswahl noch weiter einschränken und auf schmissige und rhythmische Melodien wie „Liebster Jesus, wir sind hier" und „Gott ist gegenwärtig" im Morgengottesdienst und auf „Wohl denen, die da wandeln" im Abendgottesdienst bestehen. Eine andere Person wiederum mag damit drohen, die Gemeinde zu verlassen, wenn nicht wenigstens einmal im Vierteljahr „Herr, Deine Liebe ist wie Gras und Ufer" gesungen wird.

Auf der anderen Seite gibt es unter Umständen Glaubensschwestern und -brüder, die ihre Freude haben an Lobpreischören sowie an den neuesten Gottesdienstliedern, die sie auf der letzten Glaubensfreizeit gelernt haben. Was das Repertoire Ihrer eigenen Lieblingslieder nun angeht, sollten dazu vor allem auch Lieder zählen, die sich durch viele Wiederholungen auszeichnen wie „Sing Halleluja zu dem Herrn" oder nur aus einem Wort bestehen wie eben „Halleluja".

Vor allem ist es unbedingt erforderlich, daß Sie keine Anstrengung unternehmen, ein Gleichgewicht zwischen all diesen Möglichkeiten zu finden. Sie dürfen keine unterschiedlichen Musikstile, verschiedene Instrumente oder verschiedene musikalische Ausdrucksformen der Anbetung gegenüber Gott genießen. Lassen Sie in dieser Hinsicht nicht mit sich reden; lassen Sie sich Ihre ureigensten Vorlieben auf keinen Fall ausreden. Und stellen Sie sich nicht so an wegen der Liedtexte; das würde – ehrlich gesagt – nur ein Zeichen von Reife sein und daß Sie darüber nachdenken, was genau Sie eigentlich singen. Gründen Sie Ihren musikalischen Geschmack statt dessen allein auf den Stil der Lieder. Das stellt sicher, daß Ärger in Ihrer Gemeinde entsteht und Sie vom Pfad geistlicher Wirkungslosigkeit nicht abkommen.

Zur weiteren Besinnung: Nehmen Sie sich einen Moment Zeit und singen Sie die folgende hohle Hymne für stilvolle Christen (gesungen nach der Melodie der Mittelmäßigkeit):

Oh, fließ doch, du Fontäne allen Segens,
Gib mir, was ich heute brauch´;
Vergnügen satt zeit meines Lebens
Und Bequemlichkeit vor allem auch.
Lehr´ mich nix, was groß macht und ganz wahr,
Ich möcht´ bleiben, wie ich bin;
Glaube wächst aus deinem Wort, ganz klar,
Aber danach steht mir nicht der Sinn.

Im Leben geb´ ich mir viel Müh´ und wenig Süße,
Trenn´ den Müll und wasch´ auch meine Füße.

Kauf´ Geschenke für meinen lieben Mann,
Und auch für meine Frau so dann und wann.
Ich habe Schluß gemacht mit Pokern
Und ich weiß, darüber freust du dich ganz echt.
Mein Leben ist zwar medioker,
Aber ansonsten bin ich gar nicht so schlecht.

Oh, mein Selbst gibt mir so viel zu tun und klagen,
Und das alles täglich, sei es drum!
Manna gabst du, ich ess´ Schokolade mit Behagen
Und die Welt dreht sich nur um mich herum.
Liebe will ich verströmen, ohne End´ und Unterlaß,
Zum Beten, Herr, hab´ ich kaum Zeit und Muße,
Höchstens eine Stunde, nein, zwei Minuten, so zum Spaß,
Und das muß reichen für Danken, Bitten und für Buße.

Chorus der Mittelmäßigkeit (gesungen zu „Halleluja"):

Mit-tel-mä-ßig	(8 mal wiederholen)
Ich leb´ nur für mich	(8 mal wiederholen)
Ich will alles jetzt	(8 mal wiederholen)
Mach mich glücklich	(8 mal wiederholen)
Mit-tel-mä-ßig	(8 mal wiederholen)

Kultivieren Sie Ihre Sorgen   *Tip 23*

Kultivieren Sie Ihre Sorgen wie einen Garten, der viel Pflege
braucht. Um völlig untauglich zu sein als Christ, müssen Sie
den Acker Ihrer Sorgen bestellen und Samen der Angst säen.

Die Angst wird Wurzeln schlagen und entsprechende Früchte hervorbringen, die Sie nur noch zu pflücken brauchen, um sich auf diese einfache Art und Weise beständig mit einem Schuß Sorgen zu dopen.

Über die kleinen Dinge im Leben müssen Sie sich Sorgen machen: ob Sie genügend Frostschutzspray im Auto haben, wenn der Winter kommt; ob die neue Waschmaschine auch tatsächlich 20 Jahre lang halten wird. Sorgen Sie sich, wenn Sie vor der Entscheidung stehen, was zum Abendessen vorbereitet werden soll; welcher Bank Sie Ihr Geld anvertrauen sollen; welcher Toaster der beste wäre; welchen Dozenten Sie wählen sollten, wenn Sie lebenswichtige Volkshochschulkurse wie „Mittelalterliche indo-europäische Makrameemuster" oder „Der Einfluß des Wetters auf griechisch-römische Schlammschlachten" belegen. Sorgen Sie sich, daß Sie Fehler machen könnten, obwohl alle verfügbaren Möglichkeiten eine gute Wahl wären.

Vor allem müssen Sie sich Sorgen über Dinge machen, über die Sie praktisch gar keine Kontrolle haben. Lassen Sie sich von Sorgen beherrschen, ständig von ihnen aus der Fassung bringen und auf jeden Schritt und Tritt verfolgen.

Wenn Sie eine schwierige Aufgabe haben, verbringen Sie keine Zeit damit zu planen; sorgen Sie sich einfach nur und übertragen Sie diese Haltung auf die Menschen in Ihrer Umgebung.

Beten Sie niemals über den Inhalt Ihrer Sorgen, denn das Ergebnis könnte ein Neuanfang sein, weil Sie die Dinge mit einem Mal aus einer anderen Perspektive betrachten können. Vergegenwärtigen Sie sich nicht den allmächtigen und freundlichen Gott, dem Sie dienen.

Lernen Sie nicht aus Ihrer Vergangenheit. Sehr wahrscheinlich ist, daß genau die Sache, über die Sie sich jetzt gerade sorgen, Ähnlichkeit mit Sorgen hat, die Sie sich schon früher gemacht haben und die sich als unbegründet herausgestellt haben. Widerstehen Sie der Versuchung, sich zu erinnern; fahren Sie fort, sich Sorgen zu machen. Vor allen Dingen: halten Sie nicht an Ihrem Glauben fest, denn Glaube hebt die Sorgen auf.

Konzentrieren Sie sich ganz auf sich selbst, denn dies ist der Sinn des Sorgens. Wenn Sie Zweifel daran haben, ob Sie – nachdem Sie dieses Buch gelesen haben – auch wirklich so ineffektiv sind wie Sie idealerweise sein sollten, dann folgen Sie meinem Rat und machen Sie sich besonders auch deswegen Sorgen.

Ignorieren Sie folgende Bibelstellen: Philipper 4, 6 und Matthäus 6, 25-34.

Beanspruchen Sie Gott und Ihre Nächsten so oft es nur geht   *Tip 24*

Ein Weg, als Christ wirkungslos zu sein und es auch zu bleiben, ist, Gott und die Mitmenschen so ausdauernd und vielfältig zu beanspruchen wie nur irgend möglich. Vor allem bewährt sich diese Methode ganz ausgezeichnet, wenn Ihnen an Ihren Beziehungen zu Gott und zu Ihren Nächsten nicht allzu viel liegt.

Gehen Sie wie folgt vor: Bei jeder sich bietenden Gelegenheit müssen Sie beweisen, daß Sie als mittelmäßiger Christenmensch nicht in der Lage sind, unabhängig und ohne die ständige Hilfe Ihrer Umgebung auszukommen. Sie müssen sowohl ohne Unterbrechung auf Gott sehen als auch andere für sich einspannen, damit Ihnen in Bereichen geholfen und Anleitung gegeben wird, die eigentlich ganz klar sind. Jedes kleine Detail des Lebens muß genau geplant, festgehalten und in dreifacher Ausfertigung unterschrieben werden, bevor Sie ein aktives Handeln ins Auge fassen.

Wenn Sie am Sonntagmorgen Ihre Glaubensschwestern und -brüder treffen, dann sollten Sie erwarten, daß sich über alles und jeden mit vielen Worten ausgetauscht wird. Sie müssen immer eine Frage an den Chor parat haben, zum Beispiel, warum er gerade dieses eine Musikstück vor dem Abendmahl ausgewählt hat. Wenn Sie mit Mitgliedern des Kirchenvorstandes zusammenstehen, lamentieren Sie in vielen intensiven Einzelgesprächen über die schlechte Qualität der Fotos und all die Tippfehler im letzten Gemeindebrief – oder gar in diesem Buch.

Als derart anspruchsvoller Christ machen Sie sich so gut wie keine Gedanken darüber, was Gott von Ihnen erwartet. Vielmehr ist es so, daß Christen dieser Kategorie ihre eigenen Wünsche und Absichten unter dem Deckmantel eines nicht endenwollenden Erklärungszwanges verschleiern, um dann schließlich immer ihren eigenen Willen und ihre eigenen Vorstellungen durchzusetzen.

Hohe Ansprüche zu haben, kann Sie auf eine ganz neue Ebene der Mittelmäßigkeit hieven, da Sie mehr und mehr Menschen beschäftigen müssen, um Ihre Bedürfnisse zu befriedigen. Denken Sie daran, je mehr Sie andere für sich in Beschlag nehmen, desto weniger kommen Sie dazu, Jesus wirklich nachzufolgen. (Schlagen Sie noch einmal unter Tip 3 nach: „Leben Sie im Kreis der Ichbezogenheit")

Zur weiteren Besinnung: Wie haben Sie es heute angestellt, andere Leute für Ihre Ziele und Zwecke einzuspannen? Rufen Sie jetzt gleich fünf Leute an und fragen Sie diese nach ihrer Meinung. Auf welche Art und Weise könnten Sie sich noch mehr ganz mit sich allein beschäftigen?

Gehen Sie davon aus, daß eigentlich niemand mehr ausgerechnet von Ihnen bekehrt werden muß *Tip 25*

Auch ein lässiger Christ nimmt den Missionsbefehl Christi ernst. Allerdings können Sie jede gute Absicht, die Sie in dieser Hinsicht haben, vereiteln, indem Sie Bekannte, Verwandte, Freunde und andere Menschen, die Ihnen so über den Weg laufen, als bereits bekehrt betrachten.

Im schlimmstmöglich-effektiven Fall gehen Sie beim Evangelisieren von der Annahme aus, Sie hätten es mit Menschen zu tun, die als individuelle Persönlichkeiten nach dem Ebenbild Gottes geschaffen sind und von ihrem Schöpfer geliebt werden. Denken Sie nicht darüber nach, daß Christus auch für sie gestorben ist. Wenn Sie sich ein Bild von Ihren Nächsten machen, dann lieber in der Form von kleinen Einkerbungen auf Ihrem Missionsrevolver, nach dem Motto: so viele Menschen habe ich bereits mit der Botschaft von Jesus Christus überfallen und zur Strecke gebracht.

Gegenüber der Idee „ich möchte anderen von meinem Glauben erzählen" müssen Sie eine ritterliche, höfliche und distanzierte Haltung einnehmen und dabei so weit wie möglich den Ansatz ausklammern, daß Glaube mit persönlichen Beziehungen von Mensch zu Mensch zu tun hat.

Versuchen Sie Nichtchristen als eine namenlose, gesichtslose menschliche Masse anzusehen, anstatt Ihre Nachbarin um die Ecke oder Ihren nahen Verwandten darin zu erkennen.

Hinterlassen Sie religiöse Traktate in Hotelräumen und bei McDonald´s, in Telefonzellen und auf Windschutzscheiben parkender Autos. Tragen Sie T-Shirts, die mit einem schrillen Werbeslogan von Christus sprechen, was vor allem dann besonders effektiv ist, wenn besagter Spruch an einen Werbespot im Fernsehen erinnert. Machen Sie alles das nicht, um die gute Nachricht von Jesus Christus zu verbreiten, sondern um Ihre eigenen Schuldgefühle zu beschwichtigen.

Sie haben ganz recht; es gibt dynamische Christen, die Traktate, T-Shirts und ähnliche Dinge nutzen, um tiefergehende Gespräche mit Nichtchristen anzufangen. Aber Sie selbst müssen diese Methoden nur als Mittel verwenden, um vor Beziehungen zu flüchten.

Vergessen Sie nicht, ein mittelmäßiger Christ will nicht evangelisieren, um andere für Gott und die Gemeinschaft der Heiligen zu gewinnen; sein Ziel ist vielmehr, das gute Gefühl zu haben, seine Pflicht getan zu haben, und sich daher einfach besser fühlen zu können.

Zum weiteren Nachdenken: Denken Sie an eine Person, die ihren Weg zu Gott aus irgendeinem Grund noch nicht gefunden hat, und beten Sie für sie. Hören Sie dann aber sofort wieder auf damit, denn sonst hätte das womöglich noch eine (positive) Wirkung.

Es gibt eine Ausnahme im Hinblick auf ineffektives Evangelisieren, die an dieser Stelle angesprochen werden sollte. Wenn Sie einzelne Menschen als wichtiger erachten und im Gegensatz zu anderen wie große Nummern behandeln, dann legen Sie damit den Grundstein für ein besonders frommes Gefühl, welches Sie bei dem Versuch überkommt, solche Exemplare zu Christus bekehren zu wollen. Ganz allgemein und im besonderen können Sie dieses Gefühl noch weiter intensivieren, wenn Sie sich den Ansatz zunutze machen: „Ich bete für einen ganz bekannten Star".

Ist es Ihnen schon einmal passiert, daß Sie jemanden im Fernsehen oder im Kino gesehen und darüber nachgedacht haben, wie es wäre, wenn diese Person zum Glauben an Christus käme? Für einen dynamischen Christen, der mit beiden Beinen im Leben steht, ist das ein naheliegender Gedanke; – Sie allerdings müssen diese einfache Überlegung bis zum Äußersten treiben.

Sie müssen nicht nur anfangen, für die Erlösung Ihres Starkandidaten zu beten – nehmen wir mal an, es wäre ein Showmaster, Werbeträger und Schauspieler wie Thomas Gottschalk –, sondern Sie müssen ihm auch schreiben und ihm erzählen, wie sehr Sie für ihn beten. Pirschen Sie sich an Gottschalk genau so heran wie ein Jäger an einen Hasen oder Hirschen und überzeugen Sie sich selbst davon, daß Sie dies allein aus christlicher Leidenschaft tun.

In einem nächsten Schritt erzählen Sie anderen davon, wie sehr Sie für Thommy beten und wie oft Sie ihm schreiben und wie toll es im Reich Gottes wäre, wenn Thommy nur endlich zum Glauben an Gott käme. Auf diese Weise sorgen

Sie dafür, daß sich in den Köpfen anderer Leute der Gedanke festsetzt – in Ihrem Hirn hat er schon längst breiten Raum eingenommen –, daß Gott Menschen mit größeren Talenten und größerer Popularität beim Bau seines Reiches viel besser gebrauchen kann als solche gewöhnlichen Größen und unbekannten Nummern wie Sie selbst eine sind. Wenn Sie aber ernstlich und gewissenhaft danach trachten, Thommys Erlösung sicherzustellen – ich gehe davon aus, daß Sie seinen Namen mindestens alle zwei bis drei Minuten erwähnen –, wird es Ihnen gelingen, sich selbst über die einfachen und bescheidenen Christen zu erheben und dabei langsam aber sicher zu Ruhm zu kommen als „die Person, deren einzige geistliche Aufgabe es ist, für Thomas Gottschalk zu beten".

Aktivaufgabe: Welche Sängerin, welcher Schauspieler, welcher Schriftsteller, welche Fersehmoderatorin, welcher Medienmogul oder welche Milliardärin soll Ihnen zu Ruhm verhelfen, indem Sie für sie oder ihn beten? Um wieviel lieber wollen Sie für einen prominenten Zeitgenossen beten anstatt für eine Arbeitskollegin oder Ihren Nachbarn gegenüber?

Tip 27   Vertreten Sie den Standpunkt, daß Gott und Geld nichts miteinander zu tun haben

Christen, die ihren Glauben ernst nehmen, wissen, daß Geld und Finanzen ein wesentlicher Bestandteil ihres geistlichen Lebens sind. Wie sie ihr Geld verwenden, ist ein Barometer ihres Glaubens an den Allmächtigen, der versprochen hat, daß er in jeder Hinsicht für sie sorgen wird.

Wenn Sie jedoch Ihren lauen christlichen Lebensstil noch effektiver gestalten wollen, dann sollten Sie Geld als etwas betrachten, was überhaupt nichts mit Gott zu tun hat. Schließlich ist es doch Ihr Geld und nicht seines, oder etwa nicht? Sie haben es doch verdient, stimmt´s? So gesehen sollte es auch Ihr gutes Recht sein, es so auszugeben, wie Sie es wollen und wie es Ihnen gefällt.

Dadurch, daß Sie ab und zu in der Bibel lesen und von freigebigen und spendenfreudigen Mitmenschen hören, könnten Sie in Versuchung geführt werden, Geld für die Kirche zu spenden und für nützliche Einrichtungen, von denen auch Sie profitieren, oder für sonstige karitative Zwecke. Wenn freundliche Menschen Ihnen solche Vorschläge machen, dann behandeln Sie sie wie unseriöse Versicherungsvertreter, die immer beim Abendbrot anrufen und stören.

Ich habe schon öfters mitbekommen, wie viele engagierte Christen sich gefragt haben: „Soll ich meinen Zehnten vom Brutto- oder vom Nettoeinkommen abziehen?" Das ist die total falsche Frage. Die korrekte Frage lautet: „Warum soll ich überhaupt etwas abgeben?"

Machen Sie sich klar, daß Gott das Vieh in tausenden von Tälern und auf abertausenden von grünen Auen gehört und dann auch noch all die Reichtümer im Himmel. Wenn Sie das alles mit Ihrem mickrigen Einkommen vergleichen, werden Sie jeden einzelnen Pfennig für sich behalten.

Wenn in der Gemeinde am Sonntag die Kollekte eingesammelt wird, dann denken Sie daran, daß Sie vor Ihren Kindern ein Beispiel geben. Sie zeigen ihnen bei dieser Gelegenheit, wie sehr Sie all die Dinge, die Gott Ihnen gegeben hat, zu schätzen wissen; wie sehr Sie Gott vertrauen; und wie sehr Sie es sich wünschen, ihm von Ihren Reichtümern etwas zurückzugeben. Wenn Sie wollen, daß Ihre Kinder als Christen genauso untauglich und mittelmäßig werden wie Sie, dann behaupten Sie einfach nur, daß Sie Gott zwar lieben, aber verstecken Sie den Geldschein im Ärmel, während die Kollekte eingesammelt wird.

Völlig überflüssige Rechenübung: Berechnen Sie Ihr Bruttoeinkommen für dieses Jahr. Schätzen Sie die Steuerabzüge. Rechnen Sie Ihre Ausgaben zusammen. Teilen Sie, was übrig geblieben ist, durch 10. Dann nehmen Sie den errechneten Betrag, machen einen Einkaufsbummel und tun sich etwas Gutes – Sie haben es sich verdient! Sollten Sie anschließend noch ein paar Mark übrig haben, denken Sie darüber nach, ob Sie sie am nächsten Sonntag im Gottesdienst spenden möchten.

Tip 28 Betrachten Sie das Alte Testament als ein Buch mit netten Geschichten zum Vorlesen

Adam. Eva. Noah. Abraham. Moses. Josua. Rut. David. Salomo... Wenn Sie als Christ ineffektiv sein wollen, dann müssen Sie diese Leute als bloße Figuren auf Gottes großer Spielwiese ansehen. Für Sie hat es keinen Zweck, davon auszugehen, daß es sich um wahre Menschen handelt, die tatsächlich gelebt haben (und von denen Sie etwas für Ihr Leben lernen können). Reden Sie sich ein, daß es keine Rolle spielt, ob jemand wie Ester in Fleisch und Blut auf dieser Erde wandelte. Es ist unwichtig, ob Abraham tatsächlich und handgreiflich ein Messer in die Hand genommen hat, um seinen Sohn zu töten – das war doch Abraham oder nicht? – oder daß Noah ein großes Schiff gebaut hat und alle Tiere eingeladen hat. Wichtig ist dagegen, und davon müssen Sie sich unbedingt überzeugen, daß diese Erzählungen von Generation zu Generation weitergegeben wurden, um eine Art moralischen Rahmen zu setzen. Aus diesem Grund kommt es auch nicht darauf an, ob es wirklich zehn Gebote gab, die auf Steinplatten geschrieben wurden oder nicht. Entscheidend ist allein, daß wir Geschichten zum Vorlesen haben, die dazu beitragen, daß sich unsere Kinder lieb und nett entwickeln und nicht aus der Reihe tanzen.

Machen Sie sich und auch anderen klar, daß – da wir das Neue Testament haben – es völlig überflüssig ist, irgendeine Seite vor dem Matthäusevangelium zu lesen. Es bringt nichts, Parallelen zwischen der Geschichte Israels und der der Kirche zu entdecken. Völlig belanglos sind auch Kenntnisse über heutige archäologische Funde, die übereinstimmen mit Berichten des Alten Testaments.

Wenn Sie diese Vorgehensweise konsequent beherzigen, dann sind Sie auf dem vielversprechenden Weg, geschichtliche Ereignisse vom geschriebenen Wort zu trennen und, schließlich und endlich, auch von der Wahrheit, über die in den Schriften berichtet wird. Wahren Sie Distanz zwischen sich und den Menschen im Alten Testament, denn es könnte sonst passieren, daß Sie in ihnen Abbilder Ihrer selbst und Ihres Lebens wahrnehmen, die Sie nicht sehen wollen.

Halten Sie einen Moment inne: Wer ist Ihr Lieblingscharakter im Alten Testament? Welcher Schauspieler, welche Schauspielerin könnte dafür im nächsten TATORT die Idealbesetzung sein? Welcher Regisseur, außer Steven Spielberg oder Woody Allen, könnte für die Verfilmung in Frage kommen?

Wenn ein Geschäftsmann gefragt wird, wie er Erfolg definiert, dann würde er ohne Zweifel ganz professionell auf seine Bilanz verweisen. Wieviel Gewinn wurde im vergangenen Jahr gemacht? Ein Landwirt würde auf die Menge seines geernteten Getreides hinweisen oder auf die Anzahl seiner Milchkühe.

Wenn Sie – lau und lahm, wie Sie als Christ sein wollen – an Erfolg denken, wie würden Sie ihn definieren? Die Antwort sollte sein, daß allein Zahlen für Sie entscheidend sind. Je größer die Horden namenloser Besucher sind, die Sie am Sonntag in die Kirche locken können, in den Bibelkreis, zu Seminaren oder für Gemeindeausflüge gewinnen können, desto mehr Erfolg haben Sie. Das bedeutet, daß Sie praktisch alles tun würden – wenn auch nicht gerade die zehn Gebote brechen –, um Leute für Ihre Gemeinde zu mobilisieren, und manchmal ist es auch in Ordnung, wenn Sie das tun.

Anders herum gedacht kann man natürlich andere Leute, die keine beeindruckenden Zahlen vorweisen können, auch nicht als erfolgreich bezeichnen. Auf solche Leute sollten Sie herabsehen. Es könnte sein, daß Sie eine kleine Gemeinde kennen, die sich viel Mühe gibt, Jesus nachzufolgen, Gott anzubeten und ihrer Berufung treu zu sein. Halten Sie sich entfernt von solch einem Ort; er kann Sie Gott nur näher bringen.

Lassen Sie sich statt dessen hinziehen zu den großen Massenveranstaltungen, die mit künstlichen Mitteln viele, viele Menschen ansprechen und deren Veranstalter vor allem anderen auf die Teilnehmerzahlen stolz sind. Selbstverständlich gibt es größere Gemeinden, denen es darum geht, Menschen zu Jesus zu bringen, Gottesdienst zu feiern und Gottes

Wort treu zu bleiben; ich würde Ihnen raten, auch zu diesen Plätzen so viel Abstand wie möglich zu halten.

Mit allem, was Ihnen heilig ist, erachten Sie Zahlen als das Allerwichtigste. Halten Sie es nicht für möglich, daß Sie irgend etwas Wichtiges zustande gebracht haben, bis es nicht genauestens mit Zahlen belegt werden kann. Seien Sie entmutigt und verzweifeln Sie, wenn Sie nicht genau den Erfolg haben, den Sie so gerne haben möchten. Diese Grundhaltung wird Ihnen jeden Blick auf den Erfolg verstellen, den Sie mit Menschen aus Ihrer Umgebung vorweisen könnten, der aber nicht unbedingt in Zahlen ausgedrückt werden kann.

Belanglose Übung für geistliches Wachstum: Welche Zahl genau wäre ein Hinweis dafür, daß der sonntägliche Kirchenbesuch ein voller Erfolg gewesen ist? Welche Ziffernfolge wäre ein Indiz dafür, daß Ihr jährliches Einkommen von Erfolg gekrönt ist? Schreiben Sie diese beiden Zahlen an einer deutlich sichtbaren Stelle auf und beziehen Sie sich auf sie, so oft es geht.

Schieben Sie die Schuld immer auf andere   *Tip 30*

Wann immer Sie mit Ihrer Sünde konfrontiert sind, wann immer Sie eine geistliche Eingebung haben, wann immer Sie versucht sind, Verantwortung für Ihre Taten und Verhaltensweisen zu tragen, vergessen Sie nicht, daß der mittelmäßige Christ die Schuld immer auf andere schiebt.

Auf Ihre Ehe sollte sich diese Haltung insofern auswirken, als

Sie sich, sobald sich Ihr Mann oder Ihre Frau zu Recht über Sie beklagt, mit Sätzen herausreden wie: „Das weiß ich, aber wenn Du nicht das und das getan hättest, dann ...". Auf diese Weise schieben Sie die Verantwortung für Ihre eigene Schuld auf den Ehepartner ab, und das ist eine tolle Methode, musternden Blicken und genauerer Beobachtung zu entgehen.

Wenn Ihre Kollegen bei der Arbeit entdecken, daß Ihnen ein Fehler unterlaufen ist – Sie könnten zum Beispiel Kaffeeflecken auf dem Fotokopierer hinterlassen haben –, erfinden Sie eine Ausrede als Entschuldigung: „Ich war verwirrt. Mein vorheriger Arbeitgeber hatte eine viel größere Kaffeemaschine als diese, und die machte Kopien, empfing Faxe und e-mails, und brühte nebenbei auch noch Cappuccino."

Sich herauszureden ist auch ein besonders wichtiges Element im Rahmen der Kindererziehung und in Ihrem Prozeß, ein untauglicher Vater oder eine untaugliche Mutter zu werden. Wenn Sie einen Fehler machen, lenken Sie von sich ab, indem Sie Ihr Kind beschuldigen, anstatt ehrlich zu sein und Ihren Fehler einzugestehen.

Und schließlich: Lassen Sie niemals den Satz „Ich habe mich geirrt" oder „Es ist meine Schuld" über Ihre Lippen kommen. Genauso wie Versicherungsgesellschaften Ihnen raten, solch eine Formulierung am Unfallort auf jeden Fall zu vermeiden, sollten Sie niemals etwas zugeben. Dazu gehört natürlich auch, daß Sie weder die Redewendung „Es tut mir leid" oder gar „Bitte, vergeben Sie mir" kennen.

Wenn es Ihnen gelingt, immer andere für Ihre Vergehen verantwortlich zu machen, wird langsam der Gedanke in Ihnen reifen, daß der einzige Grund für irgendwelche Sünden Ihrerseits überhaupt nur andere Menschen sind, oder daß Sie selbst eigentlich gar nicht sündigen. Haben Sie diesen Punkt erst einmal erreicht, dann haben Sie auch den Gipfel der Untauglichkeit als Christenmensch erklommen.

Besorgen Sie sich einen Autoaufkleber mit dem Spruch: Haben Sie Ihrem Kind heute schon die Schuld gegeben?

Überlassen Sie das Fasten komischen Leuten   *Tip 31*

Wenn Sie in bezug auf Ihren Glauben im Stadium der Schläfrigkeit und Apathie gefangen bleiben wollen, dann meiden Sie jede wie auch immer geartete geistliche Disziplin. Weichen Sie vor jeder Aktivität zurück, die Ihren Geist, Ihren Verstand und Ihren Körper vor die kleinste Herausforderung stellt oder diesen auch nur ein Minimum an Anstrengung abverlangen könnte.

Zum Beispiel sollten Sie sich niemals zum Fasten entschließen. Fasten muß in Ihren Augen etwas sein, was nur komische Leute machen. Wenn Sie ans Fasten denken, dann betrachten Sie es als ein Phänomen aus dem Alten Testament oder als etwas, zu dem Johannes der Täufer sich nur entschließen würde, wenn er vorher eine Woche lang von Heuschreckeneintopf gelebt hätte.

Überzeugen Sie sich selbst davon, daß ein vorübergehender Essensentzug für Ihre Gesundheit gefährlich wäre oder für Ihre Kinder ein schlechtes Beispiel abgeben würde. Denken Sie an jede mögliche plausible Erklärung, die Sie anderen geben könnten, um nicht zu fasten.

Beim Fasten könnten Sie Ihre Gedanken auf die Ewigkeit ausrichten und Ihren Blick auf die Dinge und Gedanken, die über Ihren täglichen Horizont hinausgehen. Fasten bedeutet, daß Ihr Körper Ihrem Willen unterworfen ist und daß Sie Ihren Appetit kontrollieren können. Allerdings lassen sich solche wichtigen Erkenntnisse nicht mit Ihrem geistlich mittelmäßigen Leben vereinbaren, um welches Sie sich ja ausdauernd bemühen.

Wenn Sie auf Menschen treffen, die regelmäßig fasten, laufen Sie weg vor Ihnen. Wahrscheinlich beten die nämlich auch noch viel zu oft und lesen jeden Tag in der Bibel.

Wenn Sie sich allerdings in der Lage befinden, fasten zu müssen, dann machen Sie ein so großes Theater darum, daß alle Ihr Leiden mitbekommen. Laufen Sie mit einem langen Gesicht herum und sabbern Sie, wenn Sie jemanden sehen, der an einem Kartoffelchip knabbert. Stöhnen Sie viel. Bei jeder sich bietenden Gelegenheit sollten Sie so etwas sagen wie: „Dieses belegte Brot sieht wirklich gut aus, aber im Moment darf ich keins essen. Ich faste nämlich, wissen Sie."

Zur weiteren Besinnung: Auf welche Lebensmittel würden Sie am wenigsten verzichten wollen, wenn Sie sich zum Fasten entschließen sollten? Machen Sie sich eine Liste und haben Sie sie griffbereit, falls Sie der Versuchung nicht länger widerstehen wollen, Ihren Körper zu disziplinieren.

Tip 32　　　　　Nehmen Sie die Hölle nicht ernst

Die Hölle. Denken Sie oft über sie nach? Jedenfalls nicht, wenn Sie es sich in Ihrer Mittelmäßigkeit als Christ gemütlich gemacht haben. Die Hölle ist ein Ort, der in Ihrem Bewußtsein auf keinen Fall eine Rolle spielen sollte; es sei denn, Sie wollten aus der ständige Flaute Ihres Glaubenslebens herauskommen, wovon ja keine Rede sein kann.

Wenn Sie wirklich glauben würden, daß es so eine Stätte der ewigen Qualen für Ihre Freunde und Familienmitglieder geben könnte, die Christus nicht kennen, würden Sie sich ganz anders verhalten. Sie würden jede Gelegenheit ergreifen, ihnen von der Vergebung Gottes zu erzählen. Sie würden beten und bei Gott für ihre Seelen um Gnade flehen. So gut wie jeden wachen Moment würden Sie vor Gottes Thron verbringen, um für sie zu bitten.

Für schlaffe und träge Christen ist die Hölle selbstverständlich ein Mythos. Sie ist nur dazu da, die Menschen zu erschrecken, aber sie ist kein tatsächlich existierender Ort. Hegen und pflegen Sie eine Vorstellung von der Hölle mit Heugabeln schwingenden, gehörnten Teufeln. Machen Sie Witze darüber. Lachen Sie, wenn andere sagen: „Dort landen all die lustigen Leute". Werden Sie nicht traurig, wenn Ihnen solche Sätze zu Ohren kommen.

Vor allem aber sollten Sie nicht lesen und studieren, was die Bibel über die Hölle zu berichten hat, insbesondere auch nicht das, was Jesus gesagt hat. Ein entsprechendes Wissen über die ewige Trennung von Gott, über Heulen und Zähneklappern und darüber, daß der Wurm nicht stirbt, würde Sie erschauern lassen und veranlassen, sich der Gnade des allmächtigen Gottes tiefer anzuvertrauen und Ihren Glauben ernster zu nehmen. Wenn Ihnen solche Gedanken kommen, dann denken Sie sofort an etwas Erfreuliches und reden Sie sich ein, daß Gott alle Menschen liebt und auf keinen Fall immer gleich so bewertend sein könnte, sündige Menschen zu bestrafen.

Modifizieren Sie ein paar Bibelstellen: Finden Sie solche Abschnitte, in denen von „sterben", „verderben", „Hölle" und „Qualen" zu lesen ist und kleben Sie darüber ein gelbes, lächelndes Mondgesicht.

Tip 33 — Gehen Sie davon aus, daß Christsein eine Religion ist, aber keine Beziehung zu Gott

Die Art und Weise, wie Sie Ihren Glauben sehen, hängt unmittelbar damit zusammen, wie Sie Ihren Glauben leben; aus diesem Grund müssen Sie das Christsein nicht als eine Beziehung zu Gott verstehen, sondern als eine Religion.

Eine Religion ist eine Ansammlung von Regeln, ein festes System mit Glaubenssätzen, und viele Menschen glauben fest, Sie würden Gott erfreuen, wenn sie sich bloß an das System halten. Einige Religionen haben strenge Regeln, andere wiederum sind wesentlich gelassener im Umgang mit irgendwelchen Regeln. Möglicherweise lautet die Vorschrift, man müßte dreimal am Tag beten oder an strategischen Punkten im Kalender fasten, oder nur einfach ab und zu vor dem Essen beten. Dankenswerterweise kann die Religion des Christentums so manipuliert werden, daß Sie als Christin oder Christ eigentlich praktisch gar nicht mehr viel tun müssen; sagen Sie einfach nur, daß Sie glauben.

Wenn Sie der Auffassung sind, daß Ihr Glaube eine Religion ist, dann wird es Zeiten geben, in denen Sie einen Drang zum Handeln verspüren. Es wird ganz sicher Regeln geben, denen zu folgen Sie sich bemüßigt fühlen und die Sie wie einen religiösen Menschen fühlen lassen und nicht wie jemanden, der oder die am Sonntagmorgen nicht zur Kirche geht.

Wo immer Sie die Akzente in Ihrem religiösen Regelsystem setzen, verstehen Sie Ihren Glauben jedenfalls nicht als eine Beziehung. Wenn Sie anfangen, über einen persönlichen Gott nachzudenken, der Sie dazu anstiften will, ein heiliges und rechtschaffenes Leben zu führen und nicht vornehmlich einer Ansammlung von Regeln zu folgen, dann machen Sie einen völlig falschen Schritt in die richtige geistliche Richtung.

Gott so zu verstehen, als wollte er eine persönliche Beziehung zu Ihnen haben, ist ein ganz unergründlicher Gedanke für sich und könnte Sie verleiten, ergriffen und geblendet wie Sie sind, seine Herrlichkeit in einem völlig neuen Licht zu betrachten. Sie würden es sich zum Ziel machen, ihm gefallen zu wollen, und nicht sich selbst. Sie wären darauf aus, seinen Willen kennenzulernen, und nicht Ihren eigenen. In diese böse Falle sollten Sie lieber nicht tappen, denn das würde die Zerstörung Ihrer Mittelmäßigkeit zur Folge haben, an der Sie doch so lange und hart gearbeitet haben.

Meditationsecke: Glauben Sie, daß Gott eine Beziehung mit Ihnen möchte? Glauben Sie das wirklich? Sagen Sie mal, was glauben Sie eigentlich, wer Sie sind?

Nähern Sie sich Gott nur, wenn er Ihnen aus der Patsche helfen soll   *Tip 34*

Es gibt viele Wege, sich ein Bild von Gott zu machen. Mittelmäßige Christen nähern sich ihm nur aus einem triftigen Grund: Sie möchten, daß er ihnen in einer bestimmten Angelegenheit aus der Patsche hilft.

Wenn Sie also ganz am Anfang zu Gott kommen, dann weder, weil Sie sich Ihrer Sünden bewußt sind und Ihrem überwältigenden Bedürfnis nach Vergebung, noch weil Sie erfüllt sind von der Heiligkeit Gottes, sondern weil die Menschen um Sie herum so glücklich aussehen und Sie genau das haben wollen, was diese auch haben. Sie kommen, weil Ihre Frau Sie verlassen will, oder weil der Arzt Ihnen eine schlimme Mitteilung gemacht hat oder weil Ihre Kreditkarte gesperrt worden ist. Sie kommen, damit Ihnen jemand aus der Patsche hilft und alles wieder in Ordnung bringt. Sie wollen Ihre Frau nicht verlieren. Sie wollen geheilt werden. Sie wollen Ihre Schulden loswerden.

Entschiedene Christen sind sich natürlich der Tatsache bewußt, daß eine Beziehung zu Gott Heilung hervorbringt, allerdings nicht in Form einer schnellen Erste-Hilfe-Maßnahme, sondern als eine umfassende Heilung der Seele. Vergebung der Sünden verstehen diese Christen als ein ewiges Anliegen, welches an die Stelle aller zeitlichen und endlichen Bedürfnisse auf Erden tritt. Treue Christen dienen Gott, obwohl es Schwierigkeiten gibt. Sie dagegen müssen Gott nur so lange dienen, wie er Ihre Bedürfnisse befriedigt.

Innerhalb von Kirche und Gemeinde kann letzteres als wundervolle Gelegenheit dienen, ein mittelmäßig-ineffektives Glaubensniveau so effektiv wie möglich zu verbreiten. Wenn Sie evangelisieren und anderen Menschen von der Botschaft Jesu erzählen, dann können Sie Scharen von Menschen erreichen und überzeugen, indem Sie ihnen einfach vom Evangelium der guten Pille berichten, die eingenommen werden muß, damit es einem besser geht und alles, was so anliegt, schnell wieder in Ordnung gebracht wird. Diesen Ansatz zu wählen bedeutet, daß das Ja zu Jesus nicht das Einverständnis ist, ihn als Ihren Herrn anzuerkennen, sondern als den großen Diener, den allmächtigen Spender von Gesundheit und Reichtum und guter Laune.

Immer dann, wenn Du jemand brauchst, der Dir aus der Patsche hilft, dann ist Gott für Dich da, Kumpel. Bringen Sie anderen diese Wahrheit bei, und Sie werden in ungeahnte Tiefen der Mittelmäßigkeit vordringen.

Zur weiteren Besinnung: Welches Ihrer Bedürfnisse kann Gott heute erfüllen? Wenn Gott Ihre selbst erkannten Bedürfnisse nicht erfüllt, wollen Sie dann immer noch eine Christin oder ein Christ sein? Wie schnell wollen Sie, daß alles in Ihrem Leben wieder in Ordnung gebracht wird?

Seien Sie ein abergläubischer Christ   *Tip 35*

Ich kann Ihnen gar nicht sagen, wie viele Christen ich treffe, die permanent neue und kreative Mittel und Wege auftun, um über das Stadium der Mittelmäßigkeit nicht hinauszukommen. Eine Spezies, die ich gerade kürzlich genauer beobachten konnte, ist der abergläubische Christ.

Abergläubische Christen sind Leute, die Umständen und Zufällen große Bedeutung beimessen. Sie glauben, daß jede Begebenheit ein Zeichen des Allmächtigen ist, egal über welche anstehende Entscheidung oder welches Problem sie gerade nachdenken.

Stellen Sie sich zum Beispiel eine Person vor, die gerade nach einem neuen Freund sucht und im Zug auf einen ansehnlichen Mann namens Billy Richter trifft; ist sie abergläubisch, dann glaubt sie, diese Begegnung wäre von Gott gewollt, denn der Name Ihres Vaters ist auch Billy, ihr Chef heißt so und außerdem hatte sie am gleichen Tag die Aufforderung eines Richters in Ihrem Briefkasten gefunden, sich als Zeugin für einen Prozeß zur Verfügung zu stellen. Die Tatsache, daß der Mann aus dem Zug namens Billy Richter kein Christ ist, stört die Person weiter nicht, denn das ist natürlich nur Zufall. Hinzu kommt, daß Billys richtiger Name William lautet, und weil der kleine Neffe der abergläubischen Person immer „will yam yam" anstatt „bitte haben" sagt, ist dies ein weiterer Grund für sie, anzunehmen, daß Billy aus dem Zug der Mann fürs Leben sein muß.

Andere abergläubische Christen gucken in die Bibel und entdecken einzigartige Bedeutungen und Verwendungen von spezifischen Bibelversen. Als ein Bankangestellter, den ich kannte, sich entscheiden mußte, ob er sich an einer illegalen Transaktion beteiligen sollte oder nicht, las er bei Philipper 2,4: „und ein jeder sehe nicht auf das Seine, sondern auch auf das, was dem andern dient." Er schloß daraus, Gott wäre einverstanden mit seiner kriminellen Unternehmung, solange er nur einen Prozentsatz des Gewinnes der Kirche spenden würde.

Jene, die die Bibel wie ein Horoskop betrachten (und ihr Horoskop auch tatsächlich täglich lesen), brauchen sich keine Sorgen um ihre Mittelmäßigkeit zu machen: sie ziehen sie von allen Seiten magisch an.

Abergläubische Schritte zur Ineffektivität:

1. Schritt: Welche wichtige Entscheidung haben Sie heute zu treffen?

2. Schritt: Welche Antwort würden Sie am liebsten hören?

3. Schritt: Beantworten Sie diese Fragen, schlagen Sie dann Ihre Bibel auf und finden Sie einen Abschnitt, der Ihnen Schritt 2 bestätigt.

Es gibt zwei Zeiten, wohin Sie sich als mittelmäßiger Christ zurückziehen und einnisten können. Eine davon ist die Zukunft. (Zur anderen siehe Tip 37)

Damit meine ich nicht, daß Sie über die Ewigkeit und ein Leben nach dem Tod nachdenken. Würden Sie das nämlich tun, würden Sie ganz sicher wie von selbst viel effektiver werden. Ich rede hier über die Zukunft im Sinne von „morgen", „nächste Woche", „nächstes Jahr".

Als Sie ein Kind waren, wollten Sie immer älter sein. Sie wollten die Aufgaben und die Verantwortung, die ältere Kinder hatten; dann erschienen Ihnen die Möglichkeiten, die Jugendliche und Erwachsene hatten, als das Größte. Es lag Ihnen fern, die Vorteile und Möglichkeiten wahrzunehmen, die die Momente der jeweiligen Gegenwart hatten, denn Sie waren ständig damit beschäftigt, auf eine Zeit in der Zukunft zu schielen, die nie kam. Was die Gegenwart angeht, waren Sie nie zufrieden. Genau so müssen Sie auch Ihren Glauben ausleben.

Wenn Sie auf der Universität sind, dann müssen Sie Sehnsucht haben nach der Zeit, wenn das Studium vorbei ist. Wenn Sie alleinstehend sind, dann sollten Sie sich nichts sehnlicher wünschen als eine baldige Heirat. Wenn Sie in der Mitte Ihres Berufslebens stehen, dann müssen Sie immer daran denken, wie es sein wird, wenn Sie pensioniert sind. Haben Sie kleine Kinder, dann wünschen Sie die Zeit herbei, wenn die Kinder endlich aus dem Haus sind.

Indem Sie in der Zukunft leben, können Sie der Gegenwart keine Vorzüge abgewinnen. Genau aus diesem Grund konzentrieren Sie sich jetzt auch gar nicht richtig auf Ihr Studium. Sie sehen Ihre Freiheiten als Single nicht oder Sie arbeiten nicht zur Ehre Gottes. Sie sind außerstande, das Gekicher und das Lächeln Ihrer Kinder zu genießen, solange diese noch zu Hause sind.

Dieses Leben mit Blick auf die Zukunft kann als ein „wenn, dann endlich...-Leben" bezeichnet werden, im Sinne von: Wenn ich nur fertig wäre mit dem und jenem, dann könnte ich endlich glücklich sein. Vergessen Sie nicht: Leben Sie in der Zukunft und Sie werden niemals wirklich in der Gegenwart leben.

Frage zum Überlegen: Worauf warten Sie und was hält Sie vom Leben in der Gegenwart ab? Halten Sie sich entschlossener daran fest als je zuvor.

Tip 37   **Leben Sie in der Vergangenheit**

Wenn ein mittelmäßiger Christ nicht in der Zukunft lebt, dann sollte er zumindest versuchen, in der Vergangenheit zu leben. Dies kann nämlich ein genauso wirkungsvoller Weg sein, den geistlichen Niedergang sicherzustellen.

Sie können sich wohl schon vorstellen, daß viele reife Christen auf Begebenheiten aus der Vergangenheit konstruktiv aufbauen, um sie für die Gegenwart zu nutzen. Zum Beispiel, indem sie sich an die Sünden ihrer Vergangenheit erinnern und um Vergebung bitten. Da sie sich der Lehren, Erlebnisse und Wohltaten der Vergangenheit bewußt sind, handeln sie entsprechend. Sie sind bereit zu Veränderung in ihrem Innern und wollen weiter wachsen, und das eben gerade auch aufgrund ihrer Vergangenheit.

Ich schlage vor, daß Sie solche Überlegungen links liegen lassen. Ihr Herzensanliegen sollte es sein, sich beständig nach der Vergangenheit zu verzehren. Sie sollten sich selbst davon überzeugen, daß „früher" alles besser war. Die Kirchenlieder waren frommer. Die Gemeindefeste waren fröhlicher. Die Gemeinschaft war intensiver. Im Frauenkreis wurde beim Kaffeetrinken nicht auf Koffein und Cholesterin geachtet. Alle waren aufmerksamer. Die Missionare blieben länger weg. Man mußte der Kirche nicht so viel Geld spenden wie heute, um sich gut zu fühlen.

Im Gegensatz zur Zukunft, die allmählich kommt und zur Gegenwart wird, kann die Vergangenheit niemals wieder kommen; und eben aus diesem Grund müssen Sie sie in Ihren Gedanken zurückholen und lebendig halten. Also schwelgen Sie in vergangenen Zeiten. Beißen Sie sich in Ihren Gedanken ununterbrochen an den Meilensteinen Ihrer Vergangenheit fest und Ihre Augen werden sich so verklären, daß Sie außerstande sein werden, die Geschenke zu erkennen, die Gott Ihnen in der Gegenwart macht.

Sie müssen also entweder nach hinten gucken oder nach vorne, entweder in die Vergangenheit oder in die Zukunft. Halten Sie sich nicht im gegenwärtigen Moment, im Augenblick auf und fragen Sie Gott auch nicht, was Sie gerade jetzt zu seiner Ehre tun könnten. Seien sie nicht zufrieden mit dem freundlichen Lächeln Ihres Mannes oder Ihrer Freundin, oder mit dem purpurnen Sonnenuntergang oder damit, wie es sich anfühlt, wenn ein Kind ganz zwanglos mit seiner kleinen Hand Ihre Hand ergreift. Das Lächeln, der Sonnenuntergang und die kleine Hand – das sollte Ihnen sofort in den Sinn kommen – waren früher einfach viel schöner und besser.

Weises Sprichwort: Man muß immer die Vergangenheit mit

der Gegenwart vergleichen, wenn man jeglicher Verantwortung entfliehen will, die Zukunft zu verändern.

Tip 38   Betrachten Sie Ihren Körper nicht als Tempel Gottes

Von all den Mitteln und Wegen, Ihr christliches Leben so ineffektiv wie möglich zu gestalten, gehört die folgende Gewohnheit wohl zu denen, die Sie am leichtesten einüben können: es geht darum, daß Sie Ihren Körper als Ihren alleinigen Besitz betrachten müssen und nicht als Tempel Gottes. Dieses Ziel können Sie auf ganz verschiedenen Wegen erreichen.

Als erstes gibt es da die Möglichkeit, daß Sie sich zu einer übermäßigen Esserin oder zu einem exzessiven Trinker entwickeln. Eines der auffälligsten Kennzeichen eines mittelmäßigen Christen ist, immer mehr und immer mehr zu wollen. Wenn Sie gerade dabei sind, eine Diät zu machen, dann ist das ein vorzüglicher Ansatzpunkt, denn gerade dann verspüren Sie ein tägliches Bedürfnis nach Nahrung und nach diesem „Immer Mehr". Gott hat ja diesen täglichen Hunger in Ihnen geschaffen. Der mittelmäßige Christ wird diesem natürlichen Bedürfnis insofern exzessiv nachgeben, als er es in Völlerei verwandelt. Ein Steak hier, ein Stück Kuchen dort, und nebenbei noch eine Tafel Vollmilchschokolade mit Nuß oder Marzipan – und bald sehen Sie aus wie ein schwankender Kreuzfahrtdampfer.

Sie können Gottes Plan im Hinblick auf ein bewußtes und maßvolles Essen und Trinken auch insofern unterlaufen, als

Sie einfach so gut wie gar nichts an Nahrung zu sich nehmen. Wenn Sie Gottes kleine Genüsse wie Früchte oder andere Köstlichkeiten ausdauernd verschmähen, werden Sie nicht nur dünner, sondern in Ihnen kann auch noch die Gewißheit wachsen, Sie wären viel geistlicher als andere. Eß- und Trinkgewohnheiten können sowohl zu Völlerei als auch zu Stolz führen, und auf beiden Wegen landen Sie über kurz oder lang schnurstracks in der geistlichen Lethargie.

Es kann vorkommen, daß Sie zu bestimmten Anlässen an geistliche Dinge denken; lassen Sie sich bei diesen Gelegenheiten aber nicht auch noch dazu drängen, Ihren Körper als einen Aufenthaltsort des Heiligen Geistes zu betrachten. Wenn Sie nur eine Minute lang glauben würden, daß Gott in Ihnen Raum nehmen möchte, dann würden Sie manches verändern: was Sie essen, was Sie im Fernsehen sehen, wieviel Zeit Sie damit verbringen, in der Bibel zu lesen, wie Sie mit Ihren Nächsten umgehen. Für Sie kommt es darauf an, daß Sie Ihren Körper nicht als Tempel Gottes ansehen; betrachten Sie ihn als Ihr Eigentum, Ihr kleines Häuschen, Ihre Burg, Ihren kleinen privaten Vergnügungspalast. Essen Sie, trinken Sie und amüsieren Sie sich. Oder hungern Sie sich zu Tode. Es ist ganz allein Ihre Party.

Ignorieren Sie folgende Bibelstelle: 1. Korinther 6, 19-20.

Ein bekannter mittelmäßiger Christ – ich glaube, das war sogar ich selbst – gab einst den Ratschlag: „Beurteilen Sie andere Menschen nach Ihrer Hautfarbe, der Sprache, die sie sprechen, der Kleidung, die sie sich nicht leisten können, und danach, wie sie aussehen, aber um Himmels willen nicht nach ihrem Charakter." Wenn Sie sich meinen niederen Maßstäben anpassen wollen, dann müssen Sie an jedem Tag Ihres Lebens Vorurteile hegen und pflegen. Sie müssen sich auf jede nur mögliche Art und Weise über andere stellen, um deutlich zu machen, wie toll Sie höchstpersönlich sind.

Nähren Sie Ihre Vorurteile, indem Sie auf jeden herabblicken, der anders ist als Sie. Hautfarbe, Gewicht, Abstammung, Rasse, Größe, Schuhgröße oder Augenfarbe – jede dieser Kategorien kann Ihnen dabei dienlich sein.

Zeichnen Sie Karikaturen von Menschen aus verschiedenen Teilen des Landes. Ersinnen Sie zackige Sprüche, mit denen Sie sich auslassen können über die verrückten Leute aus dem Süden, über die hochnäsigen Typen aus dem Norden, die dummen Kameraden aus dem Osten oder die faulen Exemplare aus dem Westen. Sehr empfehlenswert ist, ein festes Raster im Kopf zu haben. In Ihren Gedanken können Sie Kategorien für bestimmte Verhaltensmuster der Menschen ersinnen, von denen Sie glauben, daß Sie anders sind als Sie. Über kurz oder lang haben Sie es gar nicht mehr nötig, sich mit einmaligen Individuen abzugeben, sondern Sie können die Motive und die Absichten eines jeden Menschen auf diesem Planeten schon nach einem kurzen Blick beurteilen.

Vor allen Dingen sollten Sie niemanden kennenlernen, der anders ist als Sie, denn das würde Ihr stereotypes Denken aus den Fugen geraten lassen und Ihnen einen Grund geben, andere Menschen gleichberechtigt zu behandeln und ihnen mit Respekt zu begegnen.

Fragen zum Überlegen: Haben Sie einen guten Freund, der aus China kommt? Haben Sie eine gute Freundin, die in Afrika geboren wurde? Kennen Sie jemanden besser, der Türke oder die Griechin ist? Ist Ihre Nachbarsfamilie aus Rußland eingewandert? Wenn Sie mehr als eine der Fragen mit „Ja" beantworten können, dann ist es höchste Zeit, daß Sie umziehen.

Nehmen Sie sich vor Freude in Acht *Tip 40*

Jeden Tag treffen Sie bewußt oder unbewußt eine Entscheidung darüber, wie Sie das Leben betrachten wollen. Nichts beraubt Sie Ihres lauen christlichen Lebensstils so sehr wie die Freude. Genau aus diesem Grund müssen Sie sich ganz entschlossen von ihr fernhalten.
Unterdrücken Sie jedes Freudengeschrei, wenn Sie morgens aufwachen und bemerken, daß Ihnen mit diesem Tag wieder eine neue Chance im Leben gegeben wird. Gucken Sie weg, wenn Sie sehen, wie prächtig die Sonne aufgeht. Lassen Sie sich bei diesem strahlenden Anblick nicht an das reine Licht des Himmels erinnern, welches Jesus Christus ist.
Meiden Sie Freude im Zusammensein mit Ihren Kindern, vor allem, wenn diese klein sind. Richten Sie Ihr Augenmerk auf die dreckigen Windeln, die kleinen Kratzer am Ellenbogen und die großen am Knie, auf all das Heulen und Weinen, vor

allem in der Nacht. Danken Sie Gott auch nicht einen Augenblick lang, daß er diese kleinen Menschen Ihrer Obhut überlassen hat, um sie zu prägen und zu formen. Nehmen Sie Ihre Tochter nicht auf den Arm, weil Sie sich einfach an ihr freuen; nehmen Sie Ihren Sohn nur auf den Arm, wenn es Ihnen darum geht, ihm die Leviten zu lesen.

Streichen Sie Freude aus Ihrem Leben, wenn Sie zur Arbeit gehen. Es sollte Ihnen keine Freude machen, daß Sie Gaben und Talente bekommen haben; und danken Sie Gott nicht dafür, daß Sie diese nutzen können, um anderen zu helfen.

Meiden Sie Freude, wenn es um Musik geht. Wenn eine bestimmte Melodie oder ein schönes Lied Sie von Herzen erfreut und Ihnen danach zumute ist, in der Küche umher zu hüpfen oder zu tanzen, dann sagen Sie sich, daß das Sünde ist und für nüchtern denkende Menschen nicht in Frage kommt.

Wichtig ist auch, daß Sie aufhören zu lächeln, denn das ist ein Ausdruck von Freude. Unterdrücken Sie tief verborgene Gefühle, die voller Dankbarkeit und Lobpreis aus Ihrem Herzen hervorquellen wollen. Wenn Sie das alles geschafft haben, dann müssen Sie Ihre griesgrämigen Gefühle auf andere übertragen, was Ihnen ganz natürlich vorkommen wird, wenn Sie diesen Anweisungen folgen.

Aktivaufgabe: Essen Sie eine saure Gurke und eine frisch geschnittene Zitrone. Gucken Sie dann sofort in den Spiegel. Genau so sollten Sie immer aussehen.

Da es eine Menge ernsthafter und ehrlicher Menschen auf
der Welt gibt, die gut sein möchten und sich Gott nähern
wollen, dürfen Sie nicht glauben, daß Jesus der einzige Weg
zum Himmel ist.

Genau wie das Wissen über die Hölle Christen zum Handeln bewegt, genauso setzt der Glaube an die Erlösung allein durch Jesus Christus bei Christen weitreichende Energi-
en frei. Dieser Glaube stiftet Christen dazu an, gegenüber
anderen von ihrem Glauben zu sprechen und die gute
Nachricht von der Herrschaft Jesu Christi weiter zu verbreiten.

Sie allerdings müssen den Herrschaftsanspruch Christi als
ein rationales Konzept verstehen und sich selbst davon überzeugen, daß Sie liebevoll und weise sind, wenn Sie glauben,
daß Jesus nicht der einzige Weg zu Gott ist. Schließlich und
endlich, was wäre das für ein Gott, der Menschen dazu
zwingen würde, etwas zu glauben, wovon sie noch nie etwas gehört haben oder was sie einfach nicht nachvollziehen
können? Das wäre doch grausam, oder nicht?

Aus diesem Grund sollten Sie Ihre laue Glaubenseinstellung
dahingehend festigen, daß Ernsthaftigkeit und Ehrlichkeit eigentlich alles ist, was von grundlegender Bedeutung ist,
wenn es um Ihren Glauben geht. Dabei spielt der Gegen-
stand Ihres Glaubens keine Rolle. Er kann Buddha, Moham-
med, ein Stein oder ein toter Verwandter sein. Diese Einstellung, richtig gepflegt, schließt von vorneherein jede mögliche Vorstellung von einer absoluten Wahrheit aus und
darüberhinaus die Tatsache, daß Gott das Recht hat, die Regeln zu bestimmen – egal, wie Sie selbst darüber denken.

Noch einen Schritt weiter gedacht, sorgt diese Einstellung im Idealfall auch dafür, daß Sie selbst direkt auf Gottes Thron Platz nehmen, und das ist selbstverständlich genau der Ort, wo ein mittelmäßiger Christ auch hingehört.

Mit unerledigten Aufgaben oder brachliegenden Feldern brauchen Sie sich bis zur Ernte nicht zu beschäftigen, denn wenn Ernsthaftigkeit und Ehrlichkeit die entscheidenden Schlüssel zu Ihrem Glauben sind, dann werden weder Ihre aktive Hilfe noch Ihr praktischer Einsatz wirklich gebraucht. Viele Dinge können sich einfach von selbst erledigen. Seien Sie einfach glücklich darüber, daß Sie einen Glauben an Jesus haben und gehen Sie Ihren Geschäften und Ihren Plänen genauso nach wie immer.

Vermeiden Sie folgende Bibelstelle: Apostelgeschichte 4, 10-12

Tip 42   Betrachten Sie Gnade als eine Selbstverständlichkeit

Mit dem Wort „Gnade" wird eine der großen theologischen Wahrheiten des Christentums bezeichnet. Um so wenig Eindruck wie möglich auf die Menschen in Ihrer Umgebung zu machen, sollten Sie Gnade als eine Selbstverständlichkeit betrachten.

Sie tun das, indem Sie auf das entscheidende geistliche Erlebnis Ihres Lebens verweisen und dabei – zum Beispiel – den Gang zum Altar beschreiben, auf welchem Sie vor langer Zeit entlang geschritten sind. Wenn Sie also gefragt werden: „Woher wissen Sie, daß Sie ein Christ sind?", dann sollten Sie antworten: „Weil ich, als ich fünf Jahre alt war, mein liederliches Sündenleben hinter mir gelassen habe und auf diesem Gang hier nach vorne zum Altar gegangen bin."

Lassen Sie die Tatsache außer Acht, daß Gottes Wirken in Ihrem Leben heute genauso ein Beweis seiner Gnade ist wie damals, als Sie in Lederhose oder in Trägerrock und Kniestrümpfen auf zwei kleinen, unsicheren Beinen zum Altar gewackelt sind.

Wenn es der Fall sein sollte, daß Sie Gottes Wirken in Ihrem Leben nicht spüren oder keine Veränderungen in Ihrem Verhalten entdecken können, dann wäre das ein Hinweis darauf, daß der Weg, den Sie als fünfjähriges Kind zum Altar zurückgelegt haben, kaum von großer Bedeutung gewesen sein kann; und dies wiederum mag dann auch der Grund für Ihre Mittelmäßigkeit sein. Allerdings sollten Sie darüber nun nicht weiter nachdenken; vielmehr geht es darum, daß Sie in dem schlaffen Stadium Ihres Christseins verweilen, in dem Sie es sich so wohlig eingerichtet haben.

Nehmen Sie Gnade als selbstverständlich hin, indem Sie sündigen, sündigen und sündigen. Wenn Sie aufgrund einer bestimmten Tat oder eines bestimmten Verhaltensmusters zur Rechenschaft gezogen werden sollten, neigen Sie Ihren Kopf zur Seite, zucken Sie mit den Schultern und sagen Sie: „Auch dafür ist Jesus gestorben, was soll´s". Leben Sie so, als würde Gottes Gnade jede Sünde ohne Konsequenzen durchgehen lassen, und machen Sie aus Ihrer Gottlosigkeit ein offenes Geheimnis. Nehmen Sie Gnade als selbstverständlich hin, indem Sie andere verdammen und verurteilen. Lassen Sie niemals die Worte „durch die Gnade Gottes bin ich, was ich bin" in Ihr Bewußtsein gelangen. So wie man auf einem Fußabstreifer herumtrampelt, genauso trampelt ein verurteilender Geist auf der Gnade Gottes herum.

Gedanke für den Tag: Wenn Sie heute eine bedauernswerte Person erblicken, wiederholen Sie für sich den Satz: Mein Gott, bin ich froh, daß ich besser bin als die!

Tip 43   Glauben Sie, daß Sex schmutzig ist

Eine andere Möglichkeit, Ihr wirkungsloses christliches Leben zu kultivieren, besteht darin, die Dinge, die Gott uns als Geschenk zugedacht hat, in das genaue Gegenteil zu verkehren, sie einfach falsch zu behandeln oder sie verkehrt zu kombinieren. Dies kann geschehen mit Sardellen (als Pizzabelag), mit blauer Käsesoße (auf Salaten) und ganz besonders auch mit Sex.

Es wäre ein Leichtes für mich, Sie zu sexuellen Ausschweifungen zu ermutigen und dazu, Ihre Partnerin oder Ihren Partner so oft wie möglich zu wechseln. Ich schlage jedoch statt dessen vor, daß Sie Sex als etwas von Natur aus Scheußliches, Widerliches, Unanständiges, Animalisches und Ekelhaftes behandeln. Diese Einstellung wird Ihre Ehefrau oder Ihren Ehemann ohne Ende frustrieren und ihr oder ihm klarmachen, daß Intimität zwischen den Geschlechtern nichts mit dem ganzen Menschen zu tun hat, sondern nur mit seinem Kopf. Dieser Denkansatz befördert Sie darüber hinaus direkt auf die schiefe Bahn, auf der Gottes gute Gaben automatisch in ihr unschickliches und krasses Gegenteil verwandelt werden.

Wenn Sie Sexualität zwischen Mann und Frau als groteske Ausgeburt wild zuckender, sich windender und krümmender Leiber ansehen, werden Sie die Gelegenheit verpassen,

Ihrem Partner oder Ihrer Partnerin auf körperlich-kreative Art und Weise Ihre Liebe zu zeigen. Und wenn Sie sich erst einmal zum Verzicht auf diese fleischlichen Liebesbeweise entschlossen haben, dann können Sie sehr bald auch die Aufgabe jeglicher körperlicher Demonstration von Liebe und Intimität rechtfertigen.

Untermauern Sie einen solchen Entschluß dadurch, daß Sie auf all die Probleme verweisen, die das sexuelle Miteinander der Geschlechter zu Zeiten des Alten Testaments herbeigeführt hat. Dann entwerfen Sie ein Bild von all den negativen Auswüchsen, durch die in unserer Kultur Sex dazu mißbraucht wird, Produkte zu verkaufen und Menschen zur Wollust, zur Lüsternheit und zum Gucken von schlüpfrigen Fernsehsendungen zu verführen. Wenn alle diese Argumente hieb- und stichfest wären, dann wären Sie – nur mal nebenbei bemerkt – natürlich gar nicht auf der Welt.

Vergessen Sie nicht, der Vater der Lüge hat all die wunderbaren Dinge, die vom Vater des Lichts geschenkt worden sind, in das genaue Gegenteil verkehrt. Glauben Sie also, daß Sex schmutzig ist und behandeln Sie dieses Geschenk wie einen Fluch.

Ignorieren Sie folgenden Bibelabschnitt: das Hohelied Salomos

Tip 44 Glauben Sie, daß Sie schon perfekt sein müssen, bevor Sie zu Gott kommen dürfen

Die Art und Weise, wie Gott menschliche Wesen ansieht, unterscheidet sich selbstverständlich drastisch von der Art und Weise, wie Sie sie ansehen, wenn Sie mittelmäßig sein wollen.

Genauso wichtig ist aber auch für Sie, ein Gottesbild zu haben, dessen Wirkung auf eine bestimmte Art und Weise wirkungslos ist. Gehen Sie grundsätzlich davon aus, daß Sie sich Gott nur nähern dürfen, wenn Sie frisch gewaschen, schick zurechtgemacht und somit präsentabel sind. In Fleisch und Blut sollte Ihnen die Überzeugung übergegangen sein, daß jeder Mensch sein Leben in Ordnung bringen muß, um mit diesem ewigen Wesen eine Beziehung zu haben, und dann erst zu Gott beten, in eine Kirche eintreten oder in einem Chor singen darf.

Mit dieser Einstellung werden zwei entscheidende Dinge erreicht. Für die Menschen mit einem besonders empfindsamen Gewissen wäre erstens die Schlußfolgerung, daß sie sich Gott niemals nähern werden. Ihr Selbstbild ist nämlich so geartet, daß sie ein Bewußtsein ihrer Sündhaftigkeit schon in dem Moment überkommt, wenn sie bei einem Kaffeeklatsch das letzte Stück Kuchen vom Teller genommen haben. Wenn solche sensiblen Kreaturen auf ihrer Sündlosigkeit als Voraussetzung für eine Beziehung zu Gott bestehen, dann werden sie diese niemals aufnehmen, denn ganz tief in sich drinnen wissen sie genau, daß ihre Herzen böse sind.

Zweitens begründet diese Einstellung einen falschen Sinn für Stolz auf die eigene Heiligkeit. In diesem Fall nähern Sie sich Gott nicht, um Ihre Sünden einzugestehen, sondern mit der Überzeugung, daß Sie sich – weil Sie ja so perfekt sind – an

Ihren eigenen geistlichen Schnürsenkeln hochgezogen haben und deshalb die Gunst und das Wohlwollen des Allmächtigen sowieso verdienen.

Die Überzeugung, daß Gott Sie nur als vollkommenes Wesen akzeptiert, wird Sie auf Distanz zu Gott halten, was ja Ihr erklärtes Ziel ist. Wenn Sie das Verlangen haben sollten, sich mehr in die Aktivitäten Ihrer Gemeinde einzubringen, dann denken Sie daran, wieviel besser und perfekter all die anderen Leute um Sie herum sind. Warten Sie so lange, bis Sie selbst noch besser geworden sind und alles so auf die Reihe kriegen können, wie Sie es sich idealerweise vorstellen. Diese Haltung wird Sie nicht nur um jeden geistlichen Fortschritt bringen, sondern auch Ihren Mitchristen einer guten Stimme im Kirchenchor berauben, einer helfenden Hand in der Kinderstunde oder eines vernünftigen Kirchenvorstehers, der der Gemeinde neue Impulse geben kann, anstatt unverbindliche Kritik aus sicherer Entfernung von sich zu geben.

Zum weiteren Nachdenken: Was müßten Sie noch alles schaffen und auf die Reihe kriegen, um in Gottes Augen perfekt zu sein?

Seien Sie nicht wahrhaftig gegenüber Gott   *Tip 45*

In meinen Studien über mittelmäßige Christen haben ich einen immer wiederkehrenden Wesenszug entdeckt. Fast 100% der Angehörigen dieser untersuchten Gruppe vermeiden jeden Anflug von Wahrhaftigkeit gegenüber Gott. Ich kann Ihnen nur raten, dieses Verhalten nachzuahmen.

Gehen Sie sicher, daß während der wenigen Momente, die Sie im Lauf einer Woche im Gebet verharren, keine Äußerungen aus der Tiefe Ihres Herzens und Ihres Wesens ans Licht kommen. Bringen Sie nicht Ihre Enttäuschungen und auch nicht Ihre Kämpfe vor Gott. Erzählen Sie ihm nicht, wie frustriert Sie sind über Ihre Erbanlagen, Ihre hohen Hypothekenzinsen oder über die Tatsache, daß Ihre Vorstellungen von Erziehung durch den Einfallsreichtum Ihrer Kinder immer wieder zum Scheitern verurteilt sind.

Machen Sie die Dinge nett und angenehm. Leugnen, leugnen, leugnen und halten Sie alles Unangenehme hinter dem Berg, vor allem, wenn Sie wirklich über Gott enttäuscht sind. Auf diese Weise sorgen Sie dafür, daß Gott weit entfernt ist von Ihrem Leben und Ihre wahren Gefühle gar nicht zum Ausdruck kommen. Wenn Sie Ihre Enttäuschungen und andere Vorbehalte vor Ihrem himmlischen Vater auseinanderklamüsern würden, dann hätten Sie eine reelle Chance, daß sich nach Ihrem Gebet eine ganz andere Sicht der Dinge einstellt.

Während Sie Ihre tiefen Gedanken und Gefühle gegenüber Gott für sich behalten, wächst in Ihnen die Überzeugung, daß er sowieso nicht weiß, was sich in der Tiefe Ihrer Seele abspielt. Es verstärkt sich der falsche Eindruck, Sie könnten vor Gott etwas verstecken. Sie beginnen zu glauben, daß es für geistliche und gläubige Menschen tatsächlich eine Tugend ist, Dinge vor Gott zu verheimlichen.

Kennen Sie den alten Spruch: „Laß Dir von keinem in die Karten gucken"? Wenden Sie diesen Spruch auf Ihre Beziehung zu Gott an. Lassen Sie ihn niemals spüren, daß Sie wahrhaftig sind und ihm vertrauen. Praktizieren Sie das gleiche Doppelleben, das Sie auch vor Ihrer Familie und Ihren Freunden zur Schau stellen, indem Sie zwar auf eine Art und Weise denken und fühlen, sich aber auf eine völlig andere

Art und Weise verhalten. Wenn Sie dann irgendwann einmal in den Rückspiegel Ihres Lebens gucken, werden Sie sehen, wie Ihr Glaube noch kleiner wird als er tatsächlich erscheint.

Überlesen Sie folgende Bibelabschnitte: Die Psalmen

Gehen Sie davon aus, daß Gottes   *Tip 46*
Wille schwer faßbar ist und Sie außerdem
nur unterdrücken will

Wie ich schon erwähnt habe, ist die Art und Weise, wie Sie Gott in Ihrem Leben sehen, ein wichtiger Faktor für Ihr Wachstum als Christin oder Christ. Um ein möglichst stagnierendes geistliches Leben zu führen, müssen Sie davon ausgehen, daß Gottes Wille schwer faßbar ist und nur darauf aus ist, Sie zu unterdrücken.

Bei allem, was Ihnen im Leben passiert und bei welcher Entscheidung auch immer, die Sie in den verschiedensten Situationen treffen müssen, sollten Sie es immer ausschließlich darauf anlegen, direkte Antworten und Mitteilungen von Gott selbst zu empfangen. Wenn Sie höchstpersönlich keine laute Stimme aus den Wolken hören, die sich exklusiv an Sie wendet, dann kann das nur bedeuten, daß Gott geizig und unnahbar ist und Spaß hat an einem himmlischen Versteckspiel mit seinem Willen. Denken Sie nicht daran, daß er Ihnen ein Hirn und einen Verstand, sein Wort und den Heiligen Geist gegeben hat. Sie müssen permanent Ihr Augenmerk darauf richten, daß er sich nicht extra für Sie aus dem Himmel herabgelassen hat, um Ihnen mitzuteilen, ob Sie Ihr neues Haus nun selber bauen oder doch lieber schlüsselfertig kaufen sollen.

Auf der anderen Seite sollten Sie davon ausgehen, daß Gottes Wille es darauf anlegt, Sie zu unterdrücken. Sollte er sich Ihnen am Himmel gezeigt und Ihnen direkte Anweisungen für die kleinen Details Ihres Lebens gegeben haben, dann müssen Sie glauben, daß er Ihnen nur Dinge zugestehen wollte, die Ihnen nicht passen, die Sie nicht befriedigen und die Ihnen weh tun. Er wird Sie nach Afrika schicken. Sie werden alleinstehend bleiben für den Rest Ihres Lebens. Er wird Ihnen kräftig in den Hintern treten. Wenn Sie sich dafür entscheiden, auf die kurzfristigen Ziele im Leben zu gucken – auf die zeitlichen anstatt auf die ewigen –, dann werden Sie kaum Schwierigkeiten mit der Überzeugung haben, daß Gottes Wille von Natur aus mißgünstig ist.

Es gibt jedoch auch Grund zu der Annahme, daß sich Gottes Wille für Sie genau da zeigt, wo Sie sich jetzt gerade befinden. Es könnte Gott darum gehen, Ihnen in Ihrer gegenwärtigen Situation etwas beizubringen oder Sie zu einer Erkenntnis kommen zu lassen. Sollte es Hinweise für die Richtigkeit dieser Annahme geben, dann allerdings ist es unerläßlich, daß Sie Ihren Blick immer woanders hinwenden und sich in Ihrem Glauben nicht erschüttern lassen, daß Gott mit seiner Zuwendung geizt und auch sonst gemein ist, wenn es ausgerechnet um Sie und Ihr Wohlergehen geht.

Meiden Sie folgende Bibelverse: Psalm 37, 4-5.

Mittelmäßige Christen bleiben für sich und isoliert. Sie haben keine Gemeinschaft mit anderen, zumal wenn letztere sich – und sei es auch nur minimal – in der theologischen Ausrichtung und in der praktischen Ausübung ihres Glaubens von ihnen unterscheiden. Wenn Sie es mit dem Siechtum Ihres geistlichen Lebens wirklich ernst meinen, dann vermeiden Sie um jeden Preis Einigkeit unter den Christen.

Wenn Sie selbst während des Gottesdienstes Ihre Arme nicht in Lobpreis und Anbetung vor Gott erheben mögen, dann strafen Sie diejenigen mit Mißbilligung, die es voller Freude tun. Wenn Sie Ihre Blumen, Büsche und Gräser im Garten einzeln bewässern, dann ignorieren Sie Nachbarn, die einen Rasensprenger benutzen. Wenn es zu einer Katastrophe in Ihrem Wohnbezirk gekommen sein sollte oder wenn es einen wohltätigen Zweck gibt, der Menschen über die verschiedenen Gemeinden hinweg vereinen könnte, dann sollten Sie Ihre Hände nicht in christlicher Liebe ausstrecken und helfen, denn das würde die Welt um Sie herum nur in totales Erstaunen versetzen.

Wenn Sie den Drang verspüren sollten, sich öfters mit jemandem zu treffen, der einen anderen kirchlichen Hintergrund hat als Sie, dann widerstehen Sie der Versuchung, indem Sie sich über die Glaubensüberzeugungen anderer lustig machen: „Jeder weiß doch, was diese Freikirchler glauben"; oder: „Diese Katholiken glauben doch tatsächlich, sie wären was Besseres"; oder: „Lutheraner mögen kein Weihwasser und haben keine Lust zum Beichten." Konzentrieren Sie sich bei Ihren Bewertungen auf dogmatische Formeln, nicht auf die Person, mit der Sie es zu tun haben.

Nicht mal eine Sekunde lang sollten Sie Liedern glauben, die

Christen Mut zur Einigkeit machen. Mittelmäßige Christen glauben, daß es in Christus einen Osten, einen Westen, einen Norden, einen Süden und eine Mitte gibt. Sie singen am liebsten nach der Weise: „Daran sollt ihr erkennen, daß ihr Christen seid, wenn ihr euch fernhaltet von einander".

Wenn Uneinigkeit allerdings Ihre Faszination und Ihr Interesse nicht wecken kann, dann bleibt Ihnen immer noch das andere Extrem der falschen Einigkeit. Akzeptieren Sie jede und jeden, die oder der behauptet, sie/er sei Christin oder Christ, egal was diese Personen über die Person Jesus Christus glauben und von sich geben. Heißen Sie warmherzig alle willkommen, die davon überzeugt sind, daß „Jesus einfach ein guter Lehrer war" oder „einer von den vielen großen Propheten". Diese Leute mögen selbst nicht wissen, was genau sie eigentlich glauben und auf wen oder was sich ihre theologische Position gründet, aber sie sind ernsthaft und ehrlich und einfach nett.

Halten Sie sich vor Augen, daß Sie zwei Optionen haben: (1) Weigern Sie sich, auch nur den leisesten Schatten einer theologischen Differenz innerhalb Ihrer Glaubensgemeinschaft zu akzeptieren; oder (2) fördern Sie das Wachstum Ihrer Gemeinde durch eine Überschwemmung mit Leuten, die irgend etwas glauben, aber nicht genau sagen können, was es ist. Sowohl das eine Extrem wie auch das andere garantiert Ihnen geistliche Mittelmäßigkeit ohne Ende.

Ignorieren Sie folgende Bibelstellen: Epheser 4,3; Johannes 17, 21

Wahrhaftigkeit, Ausgeglichenheit und Beständigkeit sind wesentliche Merkmale von Christen. Mit jeder Faser Ihres Wesens sollten Sie jedoch diese Charaktereigenschaften ablehnen und wie ein Chamäleon leben.

Ein Chamäleon verändert seine Farbe, sobald sich seine Umgebung verändert; genau das müssen Sie auch tun. Wenn es Sonntag ist und Sie in der Kirche sind, dann lächeln Sie und erwecken den äußeren Anschein, ein hingegebener Jünger Jesu zu sein. Wenn Sie am Montagmorgen auf dem Bahnsteig stehen, dann lachen Sie über die Ausländerwitze an den beschmierten Wänden und geben selbst noch ein paar Sprüche über Türken, Zigeuner und Fußballspieler (vom Gegner Ihrer sieglos gebliebenen Lieblingstruppe) zum Besten.

In der Gesellschaft von Rassisten müssen auch Sie Rassist sein. Wenn sich Leute über andere Leute das Maul zerreißen, mischen Sie mit. Wenn Sie sich unter Sportfanatikern wiederfinden, zählen Sie Statistiken auf und schwärmen Sie von phantastischen Spielen mit den besten Sportlern aller Zeiten. Unter Trinkern sollten Sie trinken. Unter Anti-Alkoholikern sollten Sie auf Alkohol verzichten. Mit anderen Worten: Wenn Sie unter Heiden sind, dann seien Sie Heide; wenn Sie unter Christen sind, dann benehmen Sie sich wie ein Christ.

Sollten Sie wegen Ihres Verhaltens ein klein wenig Schuldgefühle entwickeln, dann ersticken Sie diese sofort mit dem überzeugenden Gedanken, Sie würden dem biblischen Ideal entsprechen, für jeden Nächsten eine gute Schwester oder ein guter Bruder zu sein – wenn Sie in Wahrheit überhaupt nichts für irgend jemand sind, außer ein aufgeblasener Wichtigtuer.

Mittelmäßige Christen glauben fest daran, daß die äußere Erscheinung das Wichtigste im Leben ist; und exakt aus diesem Grund sollten Sie Ihr Äußeres und Ihr Verhalten verändern, sobald Sie sich in der Gesellschaft von Leuten mit unterschiedlichen Wertvorstellungen, Prioritäten und Glaubensüberzeugungen befinden. Je mehr Ihr Leben die typischen Verhaltensweisen eines Chamäleons widerspiegelt, desto höher der Grad geistlicher Wirkungslosigkeit, der Sie ganz persönlich auszeichnet.

Aktivaufgabe: Vergleichen Sie ein Telefongespräch mit einem Freund aus der Gemeinde mit dem Telefonat, das Sie mit einem Freund aus dem Kegelklub führen. Welche Worte waren anders? Wie oft wurde in beiden Gesprächen Gott erwähnt?

Tip 49   Seien Sie ungeduldig

Die Ungeduld und das Sorgen sind direkt miteinander verwandt; sie sind Wesenszüge eines glaubensarmen Lebens. Ihnen muß daran gelegen sein, die Ungeduld tagtäglich mit den Händen zu greifen und festzuhalten; und Sie sollten zudem lernen, wie Sie jeden Aspekt Ihres Lebens von Ihren eigenen Wünschen und Sehnsüchten kontrollieren lassen.
Seien Sie ungeduldig mit Dingen. Wenn Sie im Verkehr stecken geblieben sind, hupen Sie wie wild und raufen Sie sich vor jeder roten Ampel die Haare. Wenn Sie die Weihnachtskrippe aufstellen, Haushaltsgeräte reparieren, das Abendessen vorbereiten oder darauf warten, daß die Post kommt, seien Sie ungeduldig. Spielen Sie zuhause den Be-

leidigten, weil die Dinge nicht so laufen, wie Sie sie geplant haben.

Seien Sie ungeduldig gegenüber Menschen. Wenn sich jemand nicht Ihrem Standard entsprechend verhält, verlangen Sie, daß er oder sie sich unverzüglich ändert. Klopfen Sie ungeduldig mit dem Fuß auf den Boden und atmen Sie demonstrativ laut ein und aus, wenn es der Kassiererin im Supermarkt nicht gelingt, die Preise für Ihre Rechnung in Weltrekordzeit zusammenzurechnen. Kommentieren Sie abfällig die Dienstauffassung von Grenzbeamten bei der Paßkontrolle während der großen Sommerferien. Schimpfen Sie Ihre Kinder aus, die es nicht schaffen, in das Auto zu steigen und sich anzuschnallen, während Sie schon beim Ausparken sind. Äußern Sie sich herablassend gegenüber dem Kundendiensttechniker, weil er für die Reparatur des Programmschalters an Ihrer Waschmaschine viel zu lange braucht.

Und schließlich und endlich: seien Sie ungeduldig gegenüber Gott. Es ist kaum vorstellbar, daß es noch irgend etwas anderes geben könnte, was Sie ineffektiver und mittelmäßiger machen könnte als die von Ihnen gestellten Ansprüche, denen der Allmächtige entsprechen muß. Halten Sie ihn auf dem Laufenden über Ihren Stundenplan und über Ihre Pläne. Sollten Sie den Eindruck bekommen, daß er Ihre Erwartungen nicht unverzüglich erfüllt, nehmen Sie die Situation selbst in die Hand und handeln Sie schnell. Unter keinen Umständen sollten Sie darauf warten, daß Gott handelt. Solch ein Warten würde lediglich beweisen, daß Sie sich wirklich auf Gott verlassen und nicht auf sich selbst.

Überlesen Sie folgende Bibelstelle: Jesaja 40, 31

Unabhängig davon, was für ein Leben Sie führen, werden Sie mit Sicherheit auf Menschen treffen, die Schwierigkeiten haben und Versuchungen ausgesetzt sind. Und wenn Menschen anfangen zu hadern und ihren Glauben zu hinterfragen, dann ist es unbedingt erforderlich, daß Sie alle Antworten parat haben.

Damit meine ich nicht, daß Sie die biblische Sicht des Leidens verstehen sollten. Ich meine damit auch nicht, daß Sie sich den theologischen Grundfragen ernsthaft interessierter Menschen widmen sollten, die auf der Suche nach Gott sind. Das wäre gefährlich. Ich meine damit vielmehr, daß Sie eine Haltung ausstrahlen und eine Aura verströmen sollten, als hätten Sie das Leben in all seinen Dimensionen längst erkannt und alle Fragen bereits durchschaut. Sie kennen jede Frage und haben obendrein kurze, knackige Antworten. Geben Sie anderen zu verstehen, daß es keine Geheimnisse mehr gibt, denn Sie haben sie alle schon ergründet.

Auf keinen Fall sollten Sie sich still mit einem Freund oder einer Freundin hinsetzen und trauern: Sagen Sie etwas. Identifizieren Sie sich niemals mit jemandem, der in Schwierigkeiten ist, kämpfen muß und sich quält. Lassen Sie sich nicht dazu hinreißen, einfach zu weinen und zuzugeben, daß Sie in Ihrem Leben schon einmal die gleichen Gefühle hatten. Und wenn es sein muß, zitieren Sie Bibelverse, auch ohne deren Zusammenhang zu berücksichtigen.

Geben Sie markige Formulierungen von sich wie: „Das wird schon wieder". Wenn Sie eine wichtige Frage ganz schnell mit einem Satz zum Schweigen bringen können, dann haben Sie eine große Tat vollbracht, vor allem dann, wenn sich der Satz auch noch reimt wie z.B.: „Wie gewonnen, so zerronnen" oder: „Alles neu macht der Mai". Darüber hinaus bietet es sich an, daß Sie sich die ganze Last der Probleme einer anderen Person in der Gewißheit auf Ihre eigenen Schultern legen, daß die- oder derjenige nie wieder auf die Beine kommen wird, wenn Sie keine Antworten parat haben. Wenn Sie es nicht sind, der die betreffende Person auf der Stelle wieder auf den richtigen Weg bringt, wird sie auf immer verloren sein.

Der ineffektive Nebeneffekt dieser Vorgehensweise ist, daß sich immer mehr die Idee verfestigt, nicht Gott wäre der eigentliche Herrscher in dieser Welt, sondern Sie. Nicht er wacht über die Wege der Menschen und des Universums, sondern Sie. Eben aus dieser Einsicht heraus sollten Sie sich so benehmen, als hätten Sie alle Antworten parat.

Aktivaufgabe: Schreiben Sie all die Antworten auf, die Sie haben, und halten Sie sie griffbereit. Wenn Schwierigkeiten auftauchen, werden Sie sie brauchen.

Werden Sie ein wandelndes Klischee   *Tip 51*

Ineffektive Christen tun nicht nur so, als würden sie alles wissen und kennen; sie sind auch wahre Meister darin, aus Ihren Argumenten und Antworten das Optimale herauszuholen, indem sie Klischees verwenden.

Wenn Sie zum Beispiel jemanden treffen, der gerade durch einen Unfall einen geliebten Menschen verloren hat, behaupten Sie leichthin und gewandt: „Alle Dinge dienen nur zu unserem Besten!" Lächeln Sie wissend, während Sie die-

se Phrase beständig wiederholen. So wird der beeindrucken-
de Einfluß demonstriert, den Klischees über die Wahrheit
ausüben.

Wenn ein Elternpaar schmerzlich sein Kind vermißt, weil es
ein Studium in einer anderen Stadt aufgenommen hat, schüt-
teln Sie mißbilligend Ihren Kopf und sagen Sie: „Sie müssen
wirklich loslassen und das Gott überlassen". Mit diesem Ratschlag treiben Sie Mutter und Vater nur noch tiefer in ihren
Schmerz hinein und geben ihnen das sichere Gefühl, sie
könnten ihre Gefühle nur in der Gegenwart von anderen
Menschen zeigen, die ihren Schmerz wirklich nachempfin-
den und mit ihnen teilen.

„Gott hat es gesagt, ich glaube es, und damit ist alles klar!"
lautet eine bestechende Aussage, wenn Sie mit Intellektuel-
len diskutieren. Wenn ein befreundeter Biologe über die
neuesten Forschungen hinsichtlich bestimmter Evolutions-
modelle erzählt, dann wäre es gut, wenn Sie Daten und Erkenntnisse ins Lächerliche ziehen, indem Sie mit dem Finger
auf ihn zeigen und sagen: „Er glaubt, mein nächster Verwandter lebt nebenan im Zoo."

Haben Sie keine Sekunde lang ein ehrliches Interesse für Er-
gebnisse der Wissenschaft, die nicht mit biblischen Berichten und Studien übereinzustimmen scheinen. Das würde
nämlich nur Ihre Engstirnigkeit und Beschränktheit zutage
treten lassen, jene hervorragenden Eigenschaften, die gerade
die Garde der mittelmäßigen Christen besonders auszeichnen.

Wenn Sie sich vieler Klischees bedienen, dann äußern Sie
diese nicht nur verbal, sondern tragen Sie sie außerdem in
auffälligen Schriftzügen und grellem Design auf T-Shirts und
Pullovern oder heften Sie sie als Sticker an Ihre Jacken und
Mäntel. Sie können sie auf Ihren Euroschecks vermerken
und Ihr Auto damit vollkleistern; und während der Advents-

zeit können Sie sie mit Kerzenschein beleuchten. Wie Sie auch vorgehen, beherzigen Sie die Erkenntnis: „Ein Wort, gesprochen zur rechten Zeit, kann leicht zum Klischee werden, wenn Sie sich nur redlich Mühe geben".

Klischee zum Auswendiglernen: Jesus ist der Weg auf jedem Steg.

Halten Sie sich an das, was Sie sehen, und nicht an das, was Sie glauben

Tip 52

Christen, deren Denken und Fühlen in der Bibel tief verwurzelt ist, wissen, daß Gott sich Leben wünscht, welches aus dem Glauben heraus gelebt wird; daß Gottes Wille über dem des Menschen steht; und daß sich der Mensch ganz auf Gott und seine Gnade verlassen kann. Wenn Sie allerdings geistliches Mittelmaß anstreben, halten Sie sich besser an das, was Sie sehen, und nicht an das, was Sie glauben.
Aus dieser Haltung – den Augen und nicht dem Glauben zu folgen – resultiert unmittelbar, daß Sie nicht entsprechend der Wahrheit handeln, wie sie in den biblischen Schriften offenbart wird, sondern lieber, wenn es um Nachfolge und Gehorsam geht, auf ein sichtbares Zeichen oder einen fühlbaren Beweis für Gottes Wirken warten. (Denken Sie an Gideon mit seiner frisch geschorenen Schafwolle... Falls Sie den Errungenschaften unserer modernen Zeit folgen wollen, können Sie auch eine elektrische Heizdecke verwenden. Allerdings möchte ich Sie in diesem Zusammenhang zur Vorsicht mahnen: Wenn Sie Gott auf diese Art und Weise testen

wollen, besteht die Gefahr, daß Sie sich lebensgefährliche Verbrennungen zuziehen.)

Nur dem Sichtbaren zu folgen bedeutet auch, daß Sie lediglich dann willens sind, Gott zu folgen, wenn Sie tatsächlich das sichere Gefühl haben, daß er Sie führt. In der Nacht, wenn Sie alleine sind und voller Zweifel und Furcht im Blick auf die Zukunft, sollten Sie nicht über die Treue Gottes in der Vergangenheit reflektieren. Sie sollten Ihre Augen nicht auf die Heilige Schrift lenken und sich klar machen, wie sehr sich der Vater im Himmel um Sie kümmert und wie sehr ihm Ihr Wohlergehen am Herzen liegt. Verlassen Sie sich lieber auf Ihre eigene Sicht und Ihr eigenes Verständnis. Beurteilen Sie Gott nach dem, was Sie um sich herum sehen und beobachten können.

Wenn es um wichtige Lebensentscheidungen geht, sollten Sie dem folgen, was Sie sehen. Machen Sie es genauso, wenn es um die kleinen Entscheidungen geht. Verschwenden Sie kein Fünkchen Zuversicht an Dinge, die man mit bloßem Auge nicht erkennen kann, wie zum Beispiel an den Himmel und die himmlischen Heerscharen; und wenn Sie in dieser Hinsicht ganz eisern sind, dann wird Ihnen der Wunsch nach einem glorreich mittelmäßigen Christenleben ganz sicher erfüllt.

Ganz wichtig: Achten Sie auf den Stecker Ihrer elektrischen Heizdecke!

Die Bibel und die Kirchengeschichte sind voll mit Berichten über Frauen und Männer, die sich ganz entschieden für ihren Glauben und für Gott eingesetzt haben. Mittelmäßigen Christen muß es jedoch darum gehen, Mittel und Wege zu erkunden, auf denen sie sich als geistliche Weicheier beweisen können.

Denken Sie daran, ein geistliches Weichei zu werden, ist in erster Linie eine Wahl, die Sie treffen können. Es ist ein Prozeß. Dabei müssen Sie sich von Anfang an vor Augen halten, daß Beherrschung und Zurückhaltung immer der bessere Teil von Tapferkeit ist. Wenn Sie in eine Situation geraten sind, die es eigentlich erfordert, daß Sie in einer geistlichen Angelegenheit deutlich Ihre Meinung sagen und danach handeln, dann halten Sie sich zurück, denn Sie sollten andere nicht der Möglichkeit berauben, Sie als wahrhaft höflichen und angenehm beherrschten Menschen in Erinnerung zu behalten.

Wenn ein Nichtchrist und Kirchenkritiker, der von Ihrer Religiosität nichts weiß, gegen Kirche, Bibel und Gott gezielt lästert, dann sollten Sie darauf nicht mit ein paar wohldurchdachten Antworten vorbereitet sein. Für Sie ist es elementar wichtig, die sich tief in Ihrem Innern aus Furcht aufgestaute Hoffnung aufrecht zu erhalten, daß nie jemand auf die Idee kommen könnte, Sie herauszufordern oder anzugreifen.

Vielleicht finden Sie sich auch in einer Runde von Leuten aus der Gemeinde wieder, die gerade dabei sind, über jemanden aus den eigenen Reihen zu klatschen. Sie sollten bei solchen Gelegenheiten niemanden tadeln oder zurechtweisen, denn das würde dem Selbstbewußtsein der Klatschmäuler einen empfindlichen Schlag versetzen. Lachen Sie statt dessen mit, nicken Sie mit dem Kopf und beteiligen Sie sich aktiv an der Tratscherei über Ihre Glaubensschwester oder Ihren -bruder.

Während Sie die verschiedenen Stadien des Weicheiertums durchschreiten, werden Sie es Schritt für Schritt leichter finden, Ihren schlaffen und müden Glauben zu leben. Wenn Sie die Jahrhunderte vor Ihrem inneren Auge Revue passieren lassen, werden Sie von Menschen hören, die für ihren Glauben an Gott in Gefängnisse gesperrt, verhöhnt, verachtet und sogar umgebracht worden sind. Sie haben natürlich nicht das mindeste Interesse daran, eine weitere Nummer in diesen Statistiken und ein weiterer Fall in diesen Berichten zu werden. So weit wie möglich behalten Sie Ihren Glauben für sich und damit auch Ihren Kopf auf Ihren Schultern.

Wie ein weiser Mensch einst zu sagen pflegte: Wichtig ist vor allem, daß Mann oder Frau vor allem immer zuerst an sich selbst denkt.

Vermeiden Sie folgende Bibelstelle: 1. Petrus 3,15

Tip 54   Vertreten Sie den Standpunkt, daß die geistliche Waffenrüstung eine Fiktion ist

Jeder kann sich zwar vorstellen, wie spaßig und unterhaltsam ein Kampf zwischen Engeln und Dämonen sein kann, wenn sie sich heftig in die Haare geraten. Wenn Sie entschlossen sind, als Christ so ineffektiv wie möglich zu leben, dann können Sie sich das zwar vorstellen, aber Sie dürfen keinesfalls glauben, daß es so etwas wie geistlichen Kampf überhaupt gibt.

Engel, wenn man es genau nimmt, sind Schmuckstücke und lediglich dazu da, daß man sie an den Weihnachtsbaum hängt. Sie sind ornamentale Gegenstände für Leute in Feiertagsstimmung. Sie gehören zum neuesten Modetrend, denn sie erscheinen auf Kalendern und in frommen und nicht so frommen Büchern. Ein gewisses Interesse an Engeln sollte wachgehalten und nicht vernachlässigt werden, solange die Wahrheit über sie nicht weiter erforscht wird. Engel sind Spielsachen, keine Realität.

Umgekehrt sollten Dämonen als die „dunkle Seite" des Spielplatzes angesehen werden, als das Yang-Prinzip im Gegensatz zum Yin-Prinzip. Die Funktion von Dämonen besteht darin, ein Gegengewicht zu bilden in den Geschichten, die am gemütlichen geistlichen Lagerfeuer erzählt werden; in unseren Geschichten über den Glauben sind sie die fiesen Bösewichter.

Unter keinen Umständen sollten Sie das Alte Testament lesen, welches von der Realität der Engel ausgeht. Unter keinen Umständen sollten Sie irgendwelche prophetische Literatur lesen wie die Offenbarung des Johannes. Sollten Sie allerdings beim Blättern in der Bibel mehr oder weniger zufällig auf Stellen stoßen, die von Engeln berichten, dann reden Sie sich ein, daß Engel bloße Metaphern für Gottes Licht und seine Güte sind.

Wenn Sie aber geistliche Kämpfe ernst nehmen würden und auch den Kampf, der um jeden einzelnen Menschen im Gange ist, dann würden Sie sicher mehr beten. Sie würden versuchen, ein Gott wohlgefälliges Leben zu führen; Sie würden danach streben, anderen die gute Nachricht von Jesus Christus zu erzählen. In Ihrem Kampf würden Sie himmlische Engel als Ihre Verbündeten sehen und gefallene Engel als Teil der Niedertracht und der gemeinen Pläne des Feindes. Sie würden die Waffenrüstung Gottes anlegen und in den Kampf ziehen.

Schlaff und träge wie Sie sind, tun Sie das aber nicht. Für Sie ist die geistliche Waffenrüstung eine bloße Fiktion.

Ignorieren Sie folgende Bibelstelle: Epheser 6, 12

Tip 55   **Urteilen Sie über andere**

Mittelmäßige Christen haben die Tendenz, über ihre eigenen Sünden hinwegzusehen. Das ist sehr gut. Ergänzend dazu ist es für Sie noch besser, andere Menschen Ihren ausgeprägten Hang zu Kritik und Verurteilung spüren zu lassen. Urteilen Sie über die Handlungen und das Benehmen anderer.

Wenn Sie beobachten, wie das Kind eines Freundes ein paar Dummheiten macht, verurteilen Sie die Eltern für die offensichtlich fehlende Disziplin in ihrem Haus. Kritisieren Sie Worte und Ausdrucksweise anderer Menschen. Demonstrieren Sie Ihre Kenntnisse in Grammatik so vehement, daß andere Angst haben, in Ihrer Gegenwart den Mund aufzumachen und zu sprechen. Wenn Subjekt und Prädikat im Satz eines Redners nicht übereinstimmen, unterbrechen Sie ihn unerbittlich mit Ihrer Korrektur. Urteilen Sie über Leute, die einen Akzent haben. Monieren Sie die Wortwahl, indem Sie einwerfen: „Sie meinen nicht vital, Sie meinen kolossal; das ist ein Unterschied". Ganz sicher wird diese Vorgehensweise dazu beitragen, daß Sie sich über andere erheben, und nebenbei gibt sie Ihnen auch noch ein Gefühl von Überlegenheit.

Urteilen Sie über die Motive anderer Menschen. Pflegen Sie die unheimliche Fähigkeit, sich in die Hirne und Gedanken von anderen hineinzudenken, so daß Sie genauestens wissen, was diese denken und warum sie bestimmte Dinge tun. Unbedingt nötig ist es auch, daß Sie Freunden von diesen Wahrheiten erzählen, und zwar ungefähr in diesem Stil: „Der Pastor hat diese Predigt nur gehalten, weil er selbst mit dieser Sünde kämpft"; oder: „Die Kirchenvorsteher sind nur für den Anbau am Gemeindehaus, weil ihre Namen dann in die Annalen der Kirchengeschichte eingehen".

Ratsam ist es auch, gegenüber anderen Menschen keine Gnade walten zu lassen. Im Zweifelsfall sollten Sie anderen niemals etwas zugute halten oder zu deren Gunsten entscheiden. Glauben Sie niemandem unbesehen, was er sagt oder tut. Und wenn Sie jemand mit dem Satz konfrontiert: „Richte nicht, auf daß du nicht gerichtet wirst", dann gehen Sie davon aus, daß die Motive dieses Jemand auch nicht die lautersten sind.

Fragen zum Nachdenken: Wenn andere Sie so verurteilen würden, wie Sie sie verurteilen, wie anders würde es dann in Ihrer Gemeinde zugehen? Würden Sie dann einen Altar oder eher einen Galgen brauchen?

Analysieren Sie jede Situation bis zum Exzess *Tip 56*

Die Popularität der Psychologie hat den Vorteil, daß sie eine Reihe von wundervollen Gelegenheiten zur Ausbreitung der Mittelmäßigkeit bietet. Eine der besten Gelegenheiten ist: Sie analysieren eine Situation bis zum Exzess, anstatt sie Sünde zu nennen. Ich möchte Ihnen an dieser Stelle vorschlagen, daß Sie sich mit einem dieser sehr erfolgreichen Selbsthilfebücher hinsetzen und Ihren analytischen Fähigkeiten noch heute auf die Sprünge helfen.

Ganz besonders wichtig ist es, daß Sie das individuelle Selbstwertgefühl betonen. Zum Beispiel so: „Ich benehme mich nur so, weil ich ein geringes Selbstwertgefühl habe." Diese Entschuldigung können Sie für jede Situation gebrauchen: sei es bei einem Wutausbruch oder bei einem Mord. Es könnte durchaus sein, daß Ihr Selbstwertgefühl auf einem Minimum ist, aber vor allem kommt es darauf an, daß Sie die Bedeutung dieses psychologischen Fachterminus bis an die Obergrenze zu Ihrem Vorteil ausreizen.

Wenn Sie die Verhaltensweisen, Motive und Unterlassungen Ihrer Mitmenschen unter jedem vorstellbaren Aspekt intensiv analysieren, wird es diese entweder verrückt machen oder in eine so niedergeschlagene Stimmung versetzen, daß sie allmählich wie von selbst Ihren populärpsychologischen Einschätzungen beipflichten. Herauskommen kann dann etwa folgende Anschauung: „Sie sind nicht so dick wegen der vielen leeren Kartoffelchipstüten, schuld an Ihren Figurproblemen ist vielmehr der Postbote und die Art und Weise, wie er früher, als Sie noch ein Kind waren, die Postkarten in den Briefkasten geschmissen hat."

Dieses Analysieren bis zum Exzess funktioniert besonders gut, wenn alles in Ordnung ist und eigentlich gar keine Sünde begangen worden ist, Sie aber aufgrund Ihres feinen Gespürs bei anderen den Verdacht aufkommen lassen, etwas könnte doch nicht in Ordnung sein. „Die Frau des Pastors hat dieses Kleid nur getragen, weil sie die Gemeinde insgeheim ablehnt." Oder: „Sie mögen meine Hühnersuppe nicht, weil Ihr inneres Kind Geflügel verabscheut."

Wenn Bekannte Sie nach dem Gottesdienst nicht wie sonst gegrüßt haben, dann trauen Sie Ihrem feinen Gespür und Ihrer Analysekunst und verurteilen Sie sie. Nehmen Sie das Allerschlimmste an; daß Sie nun plötzlich gehaßt werden und daß Ihren Haustieren fürchterliche Dinge angetan werden, wenn Sie während der Ferien verreist sind.

Wie Sie sicherlich schon geahnt haben, ist es entscheidend, daß Sie auf die psychologische – nicht auf die geistliche – Komponente achten, wenn es um die Taten und Untaten anderer Menschen geht. Merken Sie sich, daß Sie ein Höchstmaß an geistlicher Bedeutungslosigkeit erzielen werden, wenn Sie andere bis zum Exzess analysieren.

Aktivaufgabe: Gehen Sie tief in sich und analysieren Sie unter allen verfügbaren Aspekten, warum Sie dieses Buch lesen. Was ist das tiefe, dunkle Geheimnis, das Sie dazu veranlaßt hat, es in die Hand zu nehmen? Eigentlich wollten Sie doch ein anderes Buch kaufen, oder?

Wenn andere mit Ihnen über Gott reden wollen, *Tip 57* wehren Sie ab oder schrecken Sie ab

Lassen Sie mich Ihnen zwei Gesprächsszenarien vortragen, die Sie aktiv mitgestalten können, während Sie neben Leuten sitzen, denen Sie noch nie begegnet sind. Viele Christen fühlen sich schuldig, weil sie in solchen Situationen nicht von ihrem Glauben erzählen; Sie aber als glaubenslahmer Anhänger des Christentums müssen solche Momente und Gelegenheiten beim Schopfe ergreifen, um sich als so ineffektiv wie möglich zu beweisen.

Stellen Sie sich die Gesprächsszenen auf einem Flughafen vor. Sie sind für Ihre Firma auf Geschäftsreise.

Person 1: Sind Sie auf Geschäftsreise nach Hamburg?

Sie: Ja.

Person 1: Das Wetter dort soll schön sein.

Sie: Gut.

Person 1: Ich sehe, Sie haben eine Bibel in Ihrem Gepäck. Warum?

Sie: Ich habe keine Ahnung. Vielleicht hat meine Frau sie eingepackt.

Person 1: Dann sind Sie also einer von diesen Christen?

Sie: Hören Sie, kann man heutzutage nicht mal mehr eine Bibel mit sich herumtragen, ohne daß man gleich verhört wird? So weit ich weiß, ist das nicht verboten, oder?

Hier handelt es sich um die sogenannte „Abwehrmethode". Wann immer sich für Sie eine Gelegenheit zu einem Gespräch über Gott ergibt, müssen Sie dem Gespräch so gezielt wie möglich aus dem Weg gehen. Sorgen Sie dafür, daß sich die fremde Person schuldig fühlt, daß sie überhaupt ein Gespräch mit Ihnen begonnen hat.

Als ganz vorzüglich erweist sich auch eine andere extreme Vorgehensweise; nennen wir sie die „Abschreckungsmethode".

Person 2: Sind Sie auf Geschäftsreise nach Hamburg?

Sie: Ja, der Herr hat mich nach Hamburg gerufen. Er spricht mit mir, wissen Sie.

Person 2: Tatsächlich? Nun, äh ... das Wetter soll dort schön sein.

Sie: Oh ja, Gott sei dafür gelobt und gepriesen! Möchten Sie mit mir beten und sich jetzt gleich zu Christus bekehren?

Person 2: Äh, ... ich glaube, ich wechsle noch mal eben schnell das Flugzeug, entschuldigen Sie mich.

Aktivaufgabe: Finden Sie heute eine fremde Person an einer Bushaltestelle, in einem Flugzeug oder in einem Fahrstuhl und wenden Sie eine der vorgestellten Methoden an.

Seien Sie auf Sicherheit bedacht *Tip 58*

Sie kennen den Ausspruch, daß das Leben eines Christen ein großes Abenteuer ist. Sicherlich ist Ihnen auch schon mal die Behauptung zu Ohren gekommen, daß die Welt noch nicht gesehen hat, was Gott durch einen Menschen bewirken kann, der sich seinem Willen unterordnet. Noch mag Ihnen aber der Satz nicht untergekommen sein, daß ein wirkungsloses Leben als Christ gleichbedeutend ist mit einem auf Sicherheit bedachten Leben.

Gehen Sie keine Risiken in Ihrem Leben ein. Denken Sie nicht darüber nach, sich an Orte zu begeben, wo es Verfolgung gibt und wo Leute ihr Unwesen treiben, die dafür bekannt sind, daß sie Christen kritisieren. Ganz sicher sollten Sie sich auch dort nicht aufhalten, wo man sich über Christen lustig macht, wo Christen verachtet oder sogar ermordet werden. Solche Umstände könnten Sie daran hindern, Ihr Golfhandicap zu verbessern, und auch Ihr Tennisspiel könnte unter solchen Umständen zu kurz kommen.

Auch finanziell sollten Sie auf Nummer Sicher gehen. Wenn Sie einen leisen Gedanken darauf verschwenden, sich als Christ für eine gute Sache praktisch einzusetzen, dann seien Sie damit nicht zu voreilig. Nehmen Sie sich ein paar Jahre Zeit. Verdienen Sie erst mal ein bißchen Geld. Sparen Sie sich einen Notgroschen zusammen und entscheiden Sie dann, ob Sie wirklich so etwas wie gute Taten in Angriff nehmen wollen.

Achten Sie auch ganz besonders auf Ihre körperliche Sicherheit, indem Sie sich ein Haus in einem anständigen, sauberen Vorort oder auf dem Land kaufen. Leben Sie nicht in der Innenstadt, wo Kriminalität und Armut regieren. Achten Sie auf genügend Distanz zwischen Ihrer Gemeinde und Ihrer Wohnung. Versuchen Sie nicht, Menschen von Jesus zu erzählen, die an schweren Krankheiten leiden wie Krebs, AIDS oder Lepra. Überlassen Sie das kleinen Frauen aus Kalkutta, die nicht wie jeder einigermaßen vernünftige Mensch den Slums den Rücken kehren.

Wiegen Sie sich auch geistlich in Sicherheit, indem Sie jeden direkten Kontakt mit dem Feind Ihrer Seele vermeiden. Wenn Sie Widerstand verspüren oder Anflüge von geistlichem Kampf, weichen Sie sofort zurück. Sie könnten sich sonst in Gefahr begeben. Denken Sie daran: Seine eigene wertvolle Haut so gut und effektiv wie möglich zu schützen, ist das Allerwichtigste im Rahmen der Mittelmäßigkeit.

Meditationsecke: Wie kann ich mich davor schützen, aus meinem Glauben heraus einen Schritt nach vorn zu gehen, und wie kann ich es anstellen, daß mein Leben noch ärmer an Abenteuern wird als es ohnehin schon ist?

Es gibt viele gute Möglichkeiten, sich das Leben eines mittelmäßigen Christen vorzustellen, und da die meisten Christen visuell orientiert sind, präsentiere ich Ihnen an dieser Stelle das Dreieck der garantierten Mittelmäßigkeit.

In der Ecke rechts unten sehen Sie Ihre natürlichen Fähigkeiten. Hier liegen Ihre Talente und die Neigungen, mit denen Sie etwas zuwege bringen können.

In der Ecke links unten befinden sich die sogenannten „geistlichen Gaben". In Ihrer Mittelmäßigkeit sind Sie sich Ihrer geistlichen Gaben sehr wahrscheinlich gar nicht bewußt. Versuchen Sie gar nicht erst, sie zu entdecken. Sie können sich nur selbst schaden, wenn Sie Gottes Handeln und Wirken in Ihrem Leben anerkennen und zur Geltung kommen lassen.

Wünsche, Sehnsüchte

Ihr Sofa

Geistliche Gaben   Natürliche Fähigkeiten

Fig. 2

An der Spitze des Dreiecks befinden sich Ihre Wünsche und Sehnsüchte. Sie stehen für all das, was Sie in Ihrem Leben antreibt. Ein geistlich gesinnter Mensch würde seine Wünsche und Sehnsüchte dazu nutzen, seine geistlichen Gaben zu entwickeln und seine natürlichen Fähigkeiten zu vertiefen. Sie aber sollten Ihre Wünsche und Sehnsüchte ganz auf sich selbst zentrieren – auf die Mitte des Dreiecks, wo das Sofa steht.

Aktivaufgabe: Analysieren Sie Ihr Leben mit Blick auf das Dreieck für garantierte Mittelmäßigkeit. In welche Richtung müßten Sie sich verändern, um aus Ihrem starren Gleichgewicht geworfen zu werden?

Tip 60   Setzen Sie Ihren Glauben auf eine Person

Da es äußerst schwierig ist, einem Gott zu folgen, den man weder sehen noch fühlen oder hören kann, gilt es, eine Möglichkeit ausfindig zu machen, die Sie auf dem Pfad des mittelmäßigen Christseins unaufhaltsam voran bringt. Sie müssen lediglich eins machen: Setzen Sie Ihren Glauben auf eine Person.

Dies mag ein Pastor oder ein Lehrer in Ihrer Kirche sein; besser noch wäre es, eine populäre Autorin, einen bekannten Politiker oder irgend eine andere Berühmtheit zu diesem Zweck auszuwählen. Es müssen Leute sein, die Sie nur aus weiter Ferne zu Gesicht bekommen. Sie haben keinerlei Möglichkeit, jemals in eine nähere Beziehung mit ihnen zu treten. Deshalb ist es auch ziemlich einfach, diese Leute gewissermaßen zur Anbetung auf ein Podest zu stellen. Sobald Sie sich eine Person ausgesucht haben, müssen Sie sie wie ein Idol behandeln. Dazu gehört, daß Sie diese Person täglich in Ihren Gesprächen zitieren. Sagen Sie: „Sie wissen, was (Name Ihres Idols) dazu sagt, nicht wahr?"

Wenn Ihr Idol Bücher schreibt, kaufen Sie handsignierte Exemplare. Für Sie muß klar sein, daß diese Person auf einer Ebene mit den Aposteln und Propheten rangiert, und darüber hinaus sollten Sie nicht zögern, selbst hirnverbrannten Ratschlägen zu folgen, die diese Person von sich gibt.

Statt selber die Bibel zu studieren, folgen Sie den eigentümlichen theologischen Neigungen Ihres Idols. Graben Sie nicht zu tief in schwierigen biblischen Abschnitten; wenden Sie sich lieber gleich an Ihre „Autorität". Auf diese Art und Weise stellen Sie diese Person an die Stelle Gottes, und wer auch immer an die Stelle Gottes gesetzt wird, wird Sie nach und nach ganz sicher im Stich lassen.

Wenn Ihr Idol dann schließlich irgendwann einmal als menschliches Wesen mit all seinen Schwächen bloßgestellt wird, dann müssen Sie über alle Maßen schockiert sein. Ertrinken Sie in Selbstmitleid und geben Sie sich Ihrer Depression tagelang hin. Spielen Sie ernsthaft mit dem Gedanken, Ihren Glauben ganz aufzugeben und erzählen Sie anderen, daß Gott Sie im Stich gelassen hat, auch wenn es in Wahrheit gar nicht Gott gewesen, auf den Sie Ihren Glauben und Ihre Hoffnung gesetzt haben.

Aktivaufgabe: Schreiben Sie heute einen Brief an einen bekannten Christen und bitten Sie ihn um ein Taschentuch oder eine gebrauchte Socke, die Sie dann immer bei sich tragen können.

Wie Sie diesem Buch entnehmen können, kann Mittelmäßigkeit geradezu garantiert werden, indem der Glaube bei jeder Möglichkeit „unter den Scheffel" gestellt wird und möglichst gar nicht leuchtet. Es gibt aber noch einen weiteren Weg, das Licht des Glaubens so klein wie möglich zu halten und nebenbei trotzdem seinen Glauben an Jesus Christus in Worte zu kleiden. Die Art und Weise, wie Sie sich religiöser Sprache und Formulierungen bedienen, trägt entscheidend dazu bei, daß Ihre Botschaft – die Gute Nachricht – von niemandem richtig verstanden wird und Sie sich gegenüber dem Rest der Welt vollkommen unverständlich machen. Wann immer sich Ihnen die Gelegenheit dazu bietet, sollten Sie deshalb „christinesisch" sprechen.

Christinesisch ist die seltene Sprache derer, die zum exklusiven Kern einer Christengruppe gehören. Wenn Sie lernen, diese Sprache zu beherrschen, dann werden Sie sich über kurz oder lang so fühlen, als gehörten Sie zum inneren Zirkel der Aufrechten und Gerechten, egal ob das stimmt oder nicht. Groß ist die Gefahr im Christinesischen, daß Sie zwischen den wahren Bedeutungen einzelner Sätze und ihren falschen Untertönen oder gar Fälschungen schlichtweg nicht mehr zu unterscheiden vermögen.

Ein paar Lieblingsphrasen dieser Sprache lauten:
– ich fühle mich wie neu geboren
– ein wahrer Segen in meinem Leben
– Gott sei Dank ist das jetzt alles vorbei
– ich möchte Sie ganz herzlich im Gottesdienst begrüßen
– ein guter Wein ist das A und O
– ich habe eine ganz persönliche Beziehung zu Jesus
– der Heilige Geist hat wirklich zu mir gesprochen

Für sich genommen sind diese Phrasen völlig harmlos; bei unkritischer und allzu häufiger Verwendung klingen sie jedoch wie geistlicher Schmalz, der die Ohren verkleistert. Ihnen darf es nicht darum gehen, sich mit Ihren Zuhörerinnen und Zuhörern in aller Wahrheit auszutauschen; und versuchen Sie auch bloß nicht, diese Botschaften zu verstehen. Worauf es Ihnen ankommen sollte, ist erstens die Einübung dieses heiligen Kauderwelsch und zweitens seine flächendeckende Verbreitung.

Wenn Sie erst einmal in der Lage sind, diese Sprache zu sprechen, dann ist es kein weiter Schritt mehr bis zu dem Punkt, an dem Sie besagte Phrasen als vollkommen selbstverständlich betrachten. Sie werden Christinesisch irgendwann so perfekt beherrschen, daß es Ihnen wie von selbst von der Zunge rollt – wie die ziellose Salve eines Anfängers am Schießstand eines Jahrmarktes.

Aktivaufgabe: Schreiben Sie Ihr persönliches Zeugnis in christinesisch auf, so daß die eigentliche Botschaft von niemandem verstanden werden kann, außer von Ihnen. Sie allein werden sich dann wie neu geboren fühlen.

Wenn es um geistliche Dinge geht, schieben Sie alles auf die lange Bank   *Tip 62*

Ich habe das Schreiben dieses Kapitels immer wieder auf die lange Bank geschoben. Im großen Plan eines trägen Lebens ist diese disziplinierte Gewohnheit viel besser als die Unfähigkeit, eine Aufgabe zu beenden.

Wenn Sie geistlich gesehen alles auf die lange Bank schieben, dann erregen Sie zwar den Anschein, aus innerer Überzeugung zu handeln, hohe Ansprüche zu haben und sehr viel erreichen zu wollen, tatsächlich aber bringen Sie gar nichts zustande. Oberflächlich betrachtet scheint Sie Ihr geistliches Zaudern auf eine noch höhere Ebene des Glaubens zu bringen, in Wahrheit aber hält es Sie im Morast der Trägheit gefangen.

Stellen wir uns zum Beispiel vor, Ihr ausdrücklicher Wunsch wäre es, innerhalb eines Jahres einmal die Bibel durchzulesen. Das ist ein hehres Ziel und gereicht Ihnen zu einer gewissen Ehre. Da der Januar der Monat der guten Vorsätze und der Neuanfänge ist, sollten Sie dann sehr sorgfältig nach der richtigen Bibelübersetzung mit genau den richtigen Randbemerkungen und Fußnoten suchen. Fragen Sie bei Freunden, Pastoren und Buchhändlern um Rat. Bestimmt werden Sie so gut beraten, daß Sie nach zwei oder drei Monaten eigentlich gar keine Entschuldigung mehr haben, den Kauf der benötigten Bücher weiter hinauszuschieben. Wenn Sie erst einmal soweit sind, muß es Ihnen ein Anliegen sein, auf den Moment zu warten, in dem Ihr benötigtes Material in einem Geschäft als Sonderangebot angepriesen wird.

Ihr geistliches Zaudern und Zögern verhindert es, auch nur ansatzweise konstruktiv zu handeln, es sei denn, Sie haben bereits so viel Zeit verstreichen lassen, daß Sie sich deswegen richtig schuldig fühlen.

Die Zeit wird vergehen und Sie werden sich selbst dabei ertappen, wie Sie zu sich sagen: „Ich muß mich jetzt aber wirklich mal beeilen und diese Bibel kaufen", und dann wird es bereits Sommer sein. Und da es einfach nicht angehen kann, so ein großes Projekt wie die Lektüre der ganzen Bibel in einem anderen Monat als dem Januar zu beginnen, bereiten Sie sich in den restlichen Monaten des laufenden

Jahres auf den nächsten Januar vor und erzählen allen Bekannten und Verwandten von Ihrem Vorhaben.

Das Motto des geistlichen Zauderns und Zögerns lautet immer: „Warum soll ich das denn nicht auf morgen verschieben, was ich ganz einfach auch heute erledigen könnte?" Folgen Sie diesem Wahlspruch und Sie werden in neuen Tiefen christlicher Selbstgefälligkeit und Ergebnislosigkeit waten.

Frage zum Überlegen: Welche geistliche Anstrengung kann ich heute auf die lange Bank schieben, um meine Trägheit zu steigern?

Vertreten Sie den Standpunkt, daß „neu" immer besser ist   *Tip 63*

Es gibt da so etwas wie einen großen Schatz, den die lange Geschichte der Kirche für Sie bereithält. Aus diesem Grund möchte ich Sie eindringlich bitten, verehrte mittelmäßige Christen, alles abzulehnen, was länger als zehn Jahre im Umlauf ist.

Halten Sie sich fern von den alten Kirchenliedern. Studieren Sie niemals die Worte von „Amazing Grace", denn sonst könnte Ihnen womöglich auffallen, was für ein kleiner Wicht und armer Schlucker Sie tatsächlich sind. Singen Sie niemals das Lied „Heilig, heilig, heilig ist Gott, der Herr Zebaoth", denn sonst könnte in Ihnen eine Ahnung von der Reinheit und Pracht des Allmächtigen entstehen.

Da einige um Sie herum natürlich nicht wissen werden, was

„Narzissus und die Tulipan" und „Salomonis Seide" sind, meiden Sie Paul Gerhardts Lied „Geh aus, mein Herz, und suche Freud". Einige werden Anstoß nehmen an der Zeile „ich geb mich hin dem freien Triebe" in dem Lied „Ich bete an die Macht der Liebe"; also sollte Ihnen dieses Lied selbstverständlich nie mehr über die Lippen kommen. Andere wiederum werden gegen den militärischen Unterton in „Ein feste Burg ist unser Gott" protestieren, und aus eben diesem Grund darf dieses Lied Martin Luthers auch nicht Teil Ihres Repertoires sein.

Wichtig ist, daß Sie sich nicht nur allein im Blick auf die Musik und das Singen so penibel verhalten. Lehnen Sie auch so etwas wie das Apostolische Glaubensbekenntnis ab. Verunglimpfen Sie alte Schriften von Martin Luther, Bibelkommentare von Karl Barth, jeden schriftlichen Gedanken von Dietrich Bonhoeffer und Bücher, die angeblich keine Chancen auf dem Buchmarkt haben.

Sie lösen somit jegliche Verbundenheit mit den Glaubensschwestern und -brüdern, die durch die Jahrhunderte hindurch über ihren Glauben gesprochen und geschrieben haben. Sie erklären deren Beitrag zum Glauben gegenüber den nachfolgenden Generationen offenkundig für null und nichtig und führen statt dessen das Denken der Gegenwart und den aktuellen Zeitgeist als entscheidenden Wertmaßstab ein, an dem alles gemessen wird.

Wenn es Ihnen aus irgendeinem Grund nicht möglich ist, diese alten Lieder und Texte in den Gräbern der langen Kirchengeschichte begraben sein zu lassen, dann ergreifen Sie wenigstens die Chance und verändern Sie ihre Worte, damit sie neuer erscheinen, was im Grunde genommen ja nichts anderes ist, als würde man die Nase von Mona Lisa korrigieren.

Aktivaufgabe: Schreiben Sie den Text des alten Kirchenliedes „O Haupt voll Blut und Wunden" um; geben Sie ihm den Titel: „Hey, Kumpel, ich bin heut´ ganz happy"!

Feiern Sie Ostern und lassen Sie Karfreitag aus

Karfreitag ist einer dieser Feiertage, den Sie einfach so vorübergehen lassen sollten, ohne ein großes Trara zu machen. Selbstverständlich sollten Sie Ihre Kinder nach Ostereiern suchen lassen und nach den Osterhäschen, und Ihre Kinder sollten sich auch ordentlich anziehen, so daß all die netten Bräuche eingehalten werden, die Ostern so gut zu Gesicht stehen; schließlich und endlich meine ich jedoch, daß mittelmäßige Christen eigentlich ohne Karfreitag auskommen könnten.

Karfreitag ist nicht so leicht zu feiern wie Ostern oder Weihnachten. Keiner sagt „Fröhlichen Karfreitag!" zu Bekannten, die man auf der Straße trifft. Es gibt keine anheimelnde, wuschelige Kinderkrippe und auch kein Baby, das alle Aufmerksamkeit auf sich zieht. Vielmehr wird unser Blick auf ins Fleisch geschlagene Nägel gerichtet, auf eine Dornenkrone auf einem reinen Haupt und auf ein rohes Holzkreuz voller Splitter.

Karfreitag erinnert Sie an das Leiden, welches Christus für Ihre Sünden auf sich genommen und erlitten hat. Karfreitag zeigt Ihnen, wie weit Gott geht, um Sie zu erlösen. Ein tiefer und anhaltender Gedanke an die Bestrafung Jesu am Kreuz, und die Hälfte der Dinge, die Sie am Tag so erledigen, bekäme eine andere Bedeutung. Eben aus diesem Grund müssen Sie über all das nicht allzu lange nachdenken. Stürzen Sie auf Ostern zu. Denken Sie nicht länger über die Kreuzigung nach. Verweilen Sie nicht beim Leiden Christi, bei dem Blut, das er für Sie vergossen hat, bei seinen durchbohrten Händen und Füßen. Rennen Sie als erstes zum leeren Grab. Weichen Sie den Szenen des Leidens und der Qualen aus. Wenn Sie Karfreitag aus dem Weg gehen, werden Ihre Feiertage viel positiver verlaufen. Die Menschen werden viel weniger Sensibilität für den Preis aufbringen, den Gott gezahlt hat, um sie zu erlösen.

Überflüssige Übung: Um die Bedeutung des Tages in Ihrem Sinne besser zu feiern, nutzen Sie Karfreitag, um ein paar Dinge bei sich zu Hause zu erledigen.

Tip 65   Betrachen Sie Weihnachten als unwichtiges Ereignis

Dieser Tip scheint auf der Hand zu liegen, er bleibt einer der besten, wenn es gilt, Christen von einer Konzentration auf die Wahrheit des Christentums abzuhalten. Während Ihrer geschäftigen Vorbereitungen für die Feiertage – so lautet der Tip – sollten Sie den wahren Kern der weihnachtlichen Botschaft so gut wie gar nicht erwähnen.
Spielen Sie die Bedeutung von Weihnachten gegenüber Ihren Freunden, die keine Christen sind, herunter. Das kann so simpel praktiziert werden wie durch das bloße Zitieren des Klischees, welches unter Tip 51 bereits erwähnt wurde:

„Jesus ist der Weg auf jedem Steg". Sprechen Sie es immer und immer wieder aus.

Oder verfallen Sie in das andere Extrem und sagen Sie gar nichts über den tiefen Sinn der Feiertage. Überlassen Sie das Reden Ihrem christlichen Beiwerk in Form von Plastikengeln, Tannenzweigen und Neonlichtern. Welche Methode Sie auch für die beste halten, nutzen Sie sie weidlich.

Auch in der Gesellschaft, in der Sie leben, sollten Sie bei jeder Gelegenheit die Bedeutung von Weihnachten bagatellisieren. Vermitteln Sie allen Leuten den Eindruck, Ihre einzige Mission wäre, die Weihnachtskrippe so dekorativ wie möglich auf dem Rasen vor dem Gerichtsgebäude Ihres Wohnorts aufzustellen, anstatt die Wahrheit Christi zu verbreiten. Strengen Sie Prozesse an und klagen Sie bei jeder Gelegenheit, demonstrieren Sie mit einer Horde aufgebrachter Studenten oder Bankangestellter und erinnern Sie jeden an Ihr Recht auf freie Meinungsäußerung, statt einnehmend und gewinnend über den Erlöser zu sprechen.

Und was Ihr eigenes Leben betrifft, sollten Sie Weihnachten auch nicht zu viel Bedeutung einräumen. Wirklich wichtig ist, daß Sie bei Ihrem Feiern materielle Dinge in den Mittelpunkt des Interesses rücken. Wünschen Sie sich den schönsten Weihnachtsbaum, das perfekte Geschenk, den größten Gänsebraten, die richtige Menge Schnee und so weiter. Machen Sie sich Sorgen über die Länge des Lamettas. Machen Sie Weihnachten für die Leute um Sie herum zur Hölle, nur weil Sie es genau so perfekt inszenieren wollen, wie Sie es sich vorgestellt haben.

Was immer Sie tun, kommen Sie dabei nicht auf den Gedanken, daß Weihnachten außer für Sie selbst auch noch für andere Menschen da sein könnte. Streben Sie nicht danach, zu geben, sondern danach, so viel wie möglich zu bekommen.

Aktivaufgabe: Schreiben Sie einen Satz, der die wahre Bedeutung von Weihnachten wiedergibt. Und notieren Sie nebenbei außerdem alle Ihre Weihnachtswünsche in diesem Jahr.

Tip 66 Füllen Sie Ihr Leben mit Lärm

Der Religionsphilosoph Pascal hat einst gesagt, „Äh, ..." – Nun, ich bin mir wirklich nicht sicher, wie das Zitat lautet, und ich bin jetzt auch zu faul, um es nachzuschlagen, aber die wesentliche Aussage war, daß in jedem von uns ein Vakuum besteht oder eher ein Hohlraum klafft, der mit irgend etwas gefüllt werden muß.

Mittelmäßige Christen trachten danach, diesen Hohlraum mit Lärm zu füllen. Lärm kommt aus vielen Quellen, hauptsächlich aus den Medien. Füllen Sie Ihre Tage mit endlosem Geschnatter und belanglosen Informationen aus dem Radio, dem Fernsehen und dem Videorecorder und vergessen Sie auch nicht, sich ablenken zu lassen durch Computerspiele und Ihre CD-Sammlung.

Wenn Sie von einem Raum in den anderen gehen, sollten Sie darauf achten, daß Sie mindestens ein Gerät in jedem Raum angeschaltet haben. Lassen Sie sich von einem Radio wecken und stellen Sie auch eins unter der Dusche auf (wir haften jedoch nur für Ihre Mittelmäßigkeit als Christ, nicht für Ihre körperliche Unversehrtheit!). Wenn Sie ins Auto steigen, schalten Sie das Radio an oder legen Sie eine Cassette ein. Sehr bald werden Sie sich so an diese Geräuschkulisse gewöhnt haben, daß Sie ohne sie nicht mehr leben möchten und sich richtig unwohl fühlen, wenn es ruhig ist. Investieren Sie dann noch in einen leistungsfähigen Walk- oder Discman sowie in gute Kopfhörer, die Sie immer bei sich tragen können.

Sorgen Sie für unaufhörlichen Lärm, wenn Sie zu Parties gehen, bevor der Gottesdienst beginnt und besonders auch dann, wenn Sie mit Ihren Kindern im gleichen Raum sind. Wenn keine Geräusche vorhanden sind, die Ihre Beziehungen zu anderen Menschen beleben, dann könnten Sie eventuell auf die Idee kommen, tiefergehende Gespräche zu beginnen und sich und Ihr Gegenüber auf einer neuen Ebene besser kennenzulernen. Lärm, davon können Sie ausgehen, hält Menschen untereinander auf Distanz und – das ist überhaupt die beste Nachricht von allen – macht es Ihnen auch unmöglich, ganz persönlich über Gott nachzudenken.

Aktivaufgabe: Was für Lärm ist gerade um Sie herum, während Sie dieses Buch lesen? Haben Sie das Radio an? Den Fernseher? Wenn nicht, dann stellen Sie unverzüglich eine Lärmquelle an, bevor Ihnen ein ernsthafter Gedanke kommt.

Nehmen Sie nichts an, sondern geben Sie immer nur   *Tip 67*

Es gibt kaum etwas Frustrierenderes für das Miteinander in einer Gemeinde als eine Person, die nichts nimmt, die einfach nichts annehmen kann, sondern immer nur geben will. Wenn Sie so eine Person sind, dann gratuliere ich Ihnen, weil Sie mit großem Einsatz dazu beitragen, daß nichts passiert und alles, vor allem auch geistlich gesehen, immer beim alten bleibt.

Wenn Ihnen jemand freundlich anbietet, auf Ihre Kinder aufzupassen und Ihnen damit für ein paar Stunden eine Pause ermöglicht, dann lehnen Sie das ab. Lachen Sie und erklären Sie, wie sehr Sie Ihre Kinder lieben und wie Sie es nicht ertragen können, zu irgendeiner Zeit ohne sie zu sein. Wenn Ihre Freundin aber nun hartnäckig bei ihrem Angebot bleiben sollte, dann könnten Sie wahrscheinlich zur Not mal für 45 Minuten auf Ihre Kinder verzichten; anschließend sollten Sie aber darauf drängen, daß die Kinder Ihrer Freundin für mindestens zwei Wochen zu Ihnen kommen, vorzugsweise im allertiefsten Winter.

Wenn Sie ein bestimmtes Problem haben, sei es, daß Sie kurzfristig ins Krankenhaus müssen, sollten Sie niemandem gestatten, Mahlzeiten für Ihre Familie zu kochen. Bestehen Sie darauf, daß Sie das alles alleine können, und meiden Sie die Güte und Hilfsbereitschaft anderer. Auf dem Rückweg von der Intensivstation sollten Sie anhalten und ein paar Geschenke kaufen, die Sie später verteilen können.

Im Laufe der Zeit – wenn Sie die Kunst, von anderen gar nichts anzunehmen, perfektioniert haben – werden Sie auf raffinierte Weise den Eindruck vermitteln, daß Sie nicht so schwach sind wie die gewöhnlichen und einfachen Leute. Mit Hilfe Ihrer eigenen Schnürsenkel haben Sie sich aus allen Tiefen des Lebens emporgezogen, und so werden Sie es auch weiterhin halten. Seien Sie stolz, wenn Ihre Freundin bemerkt: „Ich glaube nicht, daß sie es irgend jemandem erlauben wird, sie zu begraben."

Sie mögen glauben, daß Sie die Hilfe anderer Leute nicht verdient haben. Sie mögen denken, daß es so viele andere Menschen mit viel größeren Problemen gibt; eben darum können Sie die Früchte von Gottes Gnade nicht genießen, die Ihnen andere zukommen lassen wollen. Was immer auch der Grund für Ihr Verhalten ist: Indem Sie keine Geschenke akzeptieren, vereiteln Sie die Freude, die andere Ihnen bereiten wollen, und reservieren Sie diese Art von Freude ganz für sich als der alleinigen Geberin aller guten Gaben.

Gewöhnen Sie sich an den Gedanken: Ein abgelehntes Geschenk pro Tag verhindert, was Gottes Gnade vermag.

Sorgen Sie dafür, daß Ihre Frau oder Ihr Mann alle Ihre Bedürfnisse stillt *Tip 68*

Aus dem gleichen Grund, aus dem mittelmäßige Christen zu Gott kommen, heiraten sie auch: um ihre Bedürfnisse befriedigt zu bekommen. Die vier typischen Einstellungen, die im folgenden erläutert werden, werden aus Ihrer Ehe das machen, was sie nicht sein sollte.

1. Das tiefe Bedürfnis eines jeden Menschen ist die Gesellschaft mit anderen. Sie wollen für den Rest Ihres Lebens nicht allein sein, deshalb heiraten Sie. Sorgen Sie dafür, daß sich Ihr Partner oder Ihre Partnerin diesem tiefen Bedürfnis in Ihrer Seele hingebungsvoll annimmt.

2. Intimität hat viele Formen. Innigkeit, Zärtlichkeit und Sex gehören dazu. Wie immer Sie das auch sehen mögen, glauben Sie, daß diese Dinge nur allein zu Ihrer Befriedigung dienen und daß die Person, mit der Sie verheiratet sind, lediglich deshalb auf Erden wandelt, um Ihnen ein Gefühl der totalen Zufriedenheit zu geben.

3. Jeder Mensch braucht Sicherheit. Wir wünschen uns wenigstens einen Menschen, auf den wir uns finanziell, physisch und gefühlsmäßig verlassen können. Im Hinblick auf mittelmäßige Christen gilt, daß sie so fest mit ihrem Partner oder ihrer Partnerin verbunden sind wie eine Handschelle mit einem Räuber im Gefängnis, nach dem Motto: ohne meinen Mann fühle ich mich einfach nicht sicher.

4. Schließlich müssen Sie sich an Ihrem Partner orientieren, wenn es um die Befriedigung Ihrer geistlichen Bedürfnisse geht. Wenn sich Ihre Frau auf Gott einstellt, dann tun Sie es auch. Wenn Ihrem Mann vor Angst das Herz in die Hose rutscht, dann ist es auch um Ihre Beziehung zu Gott geschehen.

In gesunden Ehen wirken diese vier Bereiche so zusammen, daß sie eine tragfähige Beziehung aufbauen, eine unzerbrechliche Bindung schmieden. Bei Ehepartnern, die sich der Trägheit und Mittelmäßigkeit verpflichtet sehen, verhält es sich eher wie mit der Beziehung einer Wirtspflanze oder einem Wirtstier zu einem Parasiten: Letzterer saugt das Leben aus seinem Wirt heraus. Wenn Sie sich darauf verlassen, daß Ihre Frau oder Ihr Mann alle Ihre Bedürfnisse stillt, dann werden Sie zu guter Letzt sowohl Ihr eigenes als auch das Leben Ihres Partners unglücklich machen. Im Endeffekt haben Sie nichts anderes getan als eine sterbliche Person an die Stelle zu setzen, die allein Gott vorbehalten ist.

Aktivaufgabe: Auf welchen Wegen haben Sie dafür gesorgt, daß Ihr Mann oder Ihre Frau alle Ihre Bedürfnisse stillt? Welche neuen Wege können Sie finden, um ihn oder sie heute auszunutzen?

Ich habe bereits mehrere Aspekte des geistlichen Lebens angesprochen: das Gebet, das Fasten, das Lesen in der Bibel
und das Evangelisieren, aber eines der wirksamsten Rezepte
für ein Christenleben ohne Wirkung und Folgen ist die Ange-
wohnheit, Gott nur anzubeten, wenn Ihnen gerade danach
zumute ist.

Ich spreche nicht von sporadischen Gottesdienstbesuchen,
obwohl auch die eine Hilfe sind. Ich spreche von Ihrer Einstellung, von Ihrer generellen Sichtweise, vom tiefsten Kern
Ihres Seins. Ich spreche davon, was durch Ihren Kopf geht,
wenn Sie einen Abschnitt aus der Bibel lesen oder wenn Sie
staunend gewahr werden, wie vor Ihren Augen ein Wunder
geschieht. Mir geht es um Ihre Reaktion gegenüber Themen
wie Gottes Liebe, seine Gnade, seine Vergebung und seine
Heiligkeit.

Für überzeugte Christen ist es unmöglich, in der Bibel zu lesen oder einen Sonnenaufgang zu beobachten, ohne Gott
nicht aus der Tiefe ihrer Seele anzubeten. Für sie ist es un-
vorstellbar, über die Heiligkeit Gottes nachzudenken, ohne
dabei von Staunen und Ehrfurcht ergriffen zu werden. Aber
Ihnen ganz speziell möchte ich Mut dazu machen, die Anbetung Gottes nur auf den Rahmen höchst feierlicher Gottesdienste zu beschränken. Ihre Anbetung sollte auf keinen
Fall eine spontane Lobpreisung eines liebenden Gottes sein,
sondern allenfalls aus ein paar vorformulierten, halblaut mit-
gemurmelten Äußerungen bestehen, die Ihnen – vorzugsweise in einem offiziellen Rahmen – so ungefähr alle drei
Wochen über die Lippen kommen.

Wenn Sie an Anbetung denken, haben Sie ein nebulöses

Gebaren vor Augen, eine heilige Option, die Sie allenfalls wahrnehmen, wenn Ihnen gerade danach ist. Sie lesen in der Bibel, studieren ein paar Verse, singen ein paar Lieder, und an einem Punkt während all dieser Aktivitäten versinken Sie vielleicht in Anbetung, auch wenn Sie sich wirklich nicht sicher sind, wo und wann genau. Überzeugen Sie sich davon, daß die Anbetung Gottes nicht geplant werden kann; daß sie einfach nur so passiert. Auf diesem Weg wird Anbetung zu eine Art Ereignis statt zu einem Lebensstil.

Fragen zum Überlegen: Wann hatten Sie das letzte Mal das Gefühl, Sie würden Gott wirklich anbeten? Wie können Sie so eine Erfahrung in Zukunft vermeiden?

Tip 70   Führen Sie genau Buch über Ihre religiöse Trefferquote

Lebenswichtig für einen mittelmäßigen Christen ist eine Waage oder eine Meßlatte, die ihm über seine geistliche Befindlichkeit zuverlässig Auskunft gibt; sollten Sie ernstlich und gewissenhaft auf dem Weg der Mittelmäßigkeit bleiben wollen, dann müssen Sie in der Lage sein, über Ihre religiöse Trefferquote genau Buch zu führen.
Wenn Sie solche Protokolle mit genauen Auflistungen und Eintragungen immer zur Hand haben, was im Grunde genommen nichts anderes ist als eine mildernde, beschönigende Umschreibung für ein gesetzliches Leben, bekommen Sie nicht nur in bezug auf Ihr Leben und Ihre Lebensführung ein besseres Gefühl, sondern sind auch flugs in der Lage, sich im

Vergleich mit all Ihren Konkurrenten als etwas Besseres zu sehen.

Zum Beispiel: Wenn Sie zu einer Kirche gehen, die Gottesdienste am Sonntagmorgen, Sonntagabend und Mittwochabend feiert, dann haben Sie mehr Punkte auf Ihrer geistlichen „Richterskala" als jene Gemeinden, die nur einen Gottesdienst am Sonntagmorgen und wenige Kleingruppen anbieten. Auch wenn Sie nicht alle der möglichen Gottesdienste in Ihrer Kirche besuchen, rangieren Sie trotzdem höher im Gesamtergebnis, denn Sie und Ihre Gemeinde machen nach außen hin einfach viel mehr Eindruck.

Geben Sie sich auch Punkte dafür, daß Sie die richtige Bibelübersetzung zu Hause haben. Tragen Sie unauffällige Farben und Hosenröcke und verurteilen Sie diejenigen, die in Jeans herumlaufen. Die Länge der Haare, das Fehlen von jeglichem Makeup und ein Auto mit frommen Aufklebern – all das bringt Punkte und hat großen Einfluß auf Ihre religiöse Trefferquote.

Alles, was äußerlich ist; alles, was gut aussieht; alles, was den Anschein hat, geistlich zu sein – suchen Sie nach diesen Dingen und Sie werden wahrhaftig ein gesetzliches Leben führen, wie es im Buche steht. Wenn es um Ihre geistlichen Kriterien geht, ist es unerläßlich, daß Sie sich nicht auf biblische Prinzipien verlassen, sondern Ihrem persönlichen Empfinden folgen, das Ihnen sagt, was gut und richtig ist. Halten Sie diesen Kurs! Dann werden Sie und die Menschen um Sie herum noch viele Jahre lang die Möglichkeit haben, ein Bad nach dem anderen in einem mittelmäßigen Christsein zu nehmen.

Gedanke für den Tag: Eine religiöse Trefferquote ist nur aus einem Grund interessant: wenn es darum geht, zu gewinnen.

Ihre Vorstellung von Gott hat in ungeahnter Weise damit zu tun, wie Sie Ihr Leben führen. Aus diesem Grund müssen Sie Gott und sein Wirken begrenzen und ihn am besten in eine bestimmte Schublade stecken.

Heutzutage sind zwei Extreme in der Kirche weit verbreitet, und deshalb schlage ich vor, daß Sie einem von beiden dezidiert folgen. Eine Möglichkeit, Gott in eine Schublade zu stecken, besteht darin, von ihm zu fordern, daß er Ihnen gehorcht. Wenn zum Beispiel eine Ihrer Bekannten krank ist, befehlen Sie Gott, sie zu heilen. Wenn Sie zu wenig Bargeld haben, beten Sie ernsthaft darum, daß er Geld in Ihren Schoß herabregnen läßt. Im Rahmen dieser extremen Vorgehensweise ist Gott schlicht und einfach der himmlische Kammerdiener, den Sie bei jeder passenden Aufgabe und Gelegenheit herumkommandieren.

Diese Methode basiert auf dem Glauben, daß Gott sich ausschließlich um Sie dreht und nur dazu da ist, Sie zu glorifizieren. Dabei können Sie davon ausgehen, daß auch Engel ganz und gar zu Ihrer Verfügung stehen und nur auf Ihre Befehle warten; Visionen, Zungenreden und alle Arten von Wunder gehören nur Ihnen.

Ein anderer – bewährter – Weg, Gott in eine Schublade zu stecken, besteht darin, dem Allmächtigen grundsätzlich zu verwehren, im Leben von Menschen Spuren zu hinterlassen. Alles, was nur irgendwie nach Wunder riecht und nach Gott schmeckt, muß sofort verworfen werden: „Ich glaube nicht, daß Gott immer noch auf diese Art und Weise wirkt". Wenn jemand eine Erfahrung macht, die sein Leben total verändert, und die Sie selbst nie erfahren haben, dann erklären Sie dieser Person, sie hätte sich geirrt. Wiederholen Sie bei dieser Gelegenheit die Phrase: „So was hat Gott überhaupt nur im ersten Jahrhundert unserer Zeitrechnung getan."

So weit Sie dazu in der Lage sind, sorgen Sie dafür, daß Gott sich Ihren Vorstellungen anpaßt und sich so verhält, wie es Ihren persönlichen Vorlieben und Ihrem kleinen Glauben entspricht. Halten Sie ihm keine Räume frei, in denen er so handeln kann, wie er möchte. Gehen Sie fest davon aus, daß er Sie immer erst um Erlaubnis fragen muß.

Fragen zum Nachdenken: In welche Schublade haben Sie Gott in letzter Zeit gesteckt? Was würde passieren, wenn Sie ihn in keine Schublade stecken würden?

Pflegen Sie Ihren Groll   *Tip 72*

Genauso wie für einen Elefanten ist es für einen mittelmäßigen Christen äußerst schwer, irgend etwas zu vergessen. Das gilt ganz besonders für die unschönen Dinge, die so passiert sind. Wenn Sie in Ihrem Glauben lauwarm bleiben wollen, dann üben Sie die feine Kunst ein, Ihren Groll gegen alles und jedermann zu pflegen.

Natürlich ist ein guter Groll einer, der im Ärger wächst und sich über die Jahre hinweg in der Seele festsetzt, dort nagt und eitert. Dies kann ein Groll sein, den Sie gegenüber einem Klassenkameraden, gegenüber einem Lehrer oder einem Busfahrer entwickelt haben.

Der beste Groll – damit meine ich einen Groll, der Ihren Glauben tatsächlich nachhaltig untergräbt – ist der, den Sie gegenüber Brüdern und Schwestern in Ihrer Gemeinde hegen und pflegen. Ihrem Groll können Begebenheiten zugrunde liegen, wo Sie absichtlich oder unabsichtlich schlecht behandelt worden sind.

Reden Sie sich als erstes ein, daß Sie ein Recht darauf haben, richtig ärgerlich zu sein. Diese Phase ist das sogenannte Kontemplations- und Schmoll-Stadium. Danach gehen Sie in das nächste Stadium über: in die aktive Haßphase. Fangen Sie damit an, sich fürchterliche Dinge auszudenken, die Sie der betreffenden Person oder ihrer Familie antun können. Im dritten Stadium geht es darum, den Groll mit Zähnen und Klauen im Bewußtsein festzuschreiben. Grundsätzlich kann Ihnen ein Groll nichts Schlimmes antun, es sei denn, Sie graben ihn immer wieder aus, stacheln ihn immer wieder an und lassen Ihre Gedanken ununterbrochen um ihn kreisen.

Unter keinen Umständen sollten Sie der anderen Person vergeben. Sie sollten niemals denken: „Gott hat mir schon so oft und so viel vergeben, deshalb sollte ich niemandem länger grollen." Der wunderbare Gedanke an Gnade sollte Ihnen nicht in den Sinn kommen; lassen Sie jeden auf Heller und Pfennig bezahlen für das, was er Ihnen angetan hat! Je mehr Groll sie gleichzeitig auf verschiedene Menschen verteilen können, desto wirkungsloser werden Sie als Christ.

Aktivaufgabe: Denken Sie an jemanden, der Ihnen vor vielen Jahren unrecht getan hat. Nun beißen Sie Ihre Zähne zusammen. Stellen Sie sich vor, wie sich dieser Jemand in einer peinlichen Situation befindet. Lächeln Sie! Wiederholen Sie die Übung!

Engagierte Christen wissen den Wert einer guten Kirche und Gemeinde zu schätzen. Sie wünschen sich Gottesdienste, erkennen die Nöte und Bedürfnisse anderer, nehmen Anteil, kommen zu Hilfe, bringen sich ein. Mittelmäßigen Christen jedoch geht es nicht darum, Möglichkeiten des Dienens zu entdecken. Ihr Interesse geht nur in die Richtung, sich bedienen zu lassen.

Sie müssen auf die Kirche zugehen wie ein Konsument. Laufen Sie von einer Gemeinde zur anderen und listen Sie sorgfältig die negativen und positiven Punkte auf: Der Pastor aus Gemeinde A predigt nur 15 Minuten, aber die Erfrischungen in Gemeinde B sind immer frischer. Gemeinde C hat ein phantastisches Lautsprechersystem, das niemals rauscht und piept, während Gemeinde D einen großen, gepflasterten Parkplatz hat.

Beurteilen Sie eine Gemeinde nicht danach, wie sehr die Gemeindeglieder sich gegenseitig lieben und unterstützen und wie ernst sie es mit der Nachfolge Christi nehmen. Beurteilen Sie eine Kirche nicht nach der Fähigkeit des Pastors, Gottes Wort anschaulich zu lehren und weiterzugeben. Sie müssen eine Kirche aufgrund Ihrer persönlichen, äußerst wählerischen Kriterien beurteilen und sich den Ort des Gottesdienstes genauso aussuchen, wie Sie einen Laib Brot oder ein Spülmittel für den Geschirrspüler im Supermarkt kaufen. Sie müssen eine Gemeinde und Kirche nach dem Gefühl beurteilen, das Sie haben, wenn Sie am Sonntagmorgen aus der Tür treten.

Ein guter Ansatz ist auch, hinsichtlich einer neuen, guten Gemeinde mit regelmäßigem Gottesdienst gar keine Wahl zu treffen. Lassen Sie den Pastor und die Gemeindemitglieder im unklaren darüber, was Ihr persönliches Engagement in der Gemeinde angeht. Geben Sie Bemerkungen von sich wie: „Wir sind nicht sicher, ob wir weiter hierher kommen werden, denn die Jugendgruppe hat keinen guten Eindruck auf uns gemacht, und wir wollen ja mal Kinder haben."

Wenn Sie länger als ein Jahr in Ihrer neuen Wohnung oder in Ihrem neuen Haus gelebt haben und immer noch keine Kirche und Gemeinde gefunden haben, die Ihren Erwartungen entspricht, dann haben Sie ganze Arbeit geleistet. Herzlichen Glückwunsch!

Zum Überlegen: Denken Sie daran, daß die Kirche nur aus einem Grund existiert: um Ihnen zu gefallen.

Tip 74   Trinken Sie niemals aus der lebendigen Quelle

Wenn Sie die Tips befolgen, die in diesem Buch bisher gesammelt wurden, dann werden Sie wahrscheinlich auch kein Problem mit diesem Tip haben. Aber vielleicht kommen Sie in Ihrem geistlichen Leben an einen Punkt, wo Sie sich mehr als alles andere wünschen, Gott zu kennen. So abwegig die Idee auch erscheinen mag, es könnte eine Zeit geben, wo Ihr Herz nach Gott schreit, wo es Sie mit einer unstillbaren Leidenschaft nach ihm verlangt und Sie sich vor allem anderen nach seiner Nähe und Gegenwart verzehren.

Wenn Ihnen dies jemals widerfährt, Sie aber nach wie vor in Mittelmäßigkeit verharren wollen, dann denken Sie daran, daß Sie ruhig von allerlei Gewässern trinken dürfen, aber nicht aus der lebendigen Quelle. Damit Ihnen in diesem Zusammenhang keine Fehler unterlaufen, müssen Sie die einzige und größte „Tu Es Nicht"-Regel mittelmäßigen Christseins beherzigen: LESEN SIE NICHT IN DER BIBEL.

Folgen Sie Ihrer inneren Stimme. Lesen Sie Bücher, die simple Schritte zu einem erfüllten Leben anbieten. Sie können sogar lesen, was andere über die Bibel sagen, aber unter keinen Umständen sollten Sie in der Bibel selbst lesen.

Ihr Ziel sollte es sein, sich schluckweise aus verschiedensten Gewässern zu bedienen, indem Sie sich auf Berater, Freunde, Ihren Job, das Fernsehen oder einen Zeitmanagement-Guru verlassen. Vertrauen Sie auf was und wen auch immer, wenn Sie die Schmerzen in Ihrer Seele in Schach halten wollen, aber lesen Sie nicht in der Bibel.

In der Bibel zu lesen ist gefährlich, weil Sie sich bestimmt verändern werden, wenn Sie sich in den Lichtkegel des Wortes Gottes stellen. Sie sehen Ihre Sünde. Sie spüren Ihr Bedürfnis nach Gott. Sie werden sich nach ihm sehnen, und zwar nach ihm ganz allein. Wenn Sie mit Ihrer persönlichen Bibellektüre beginnen, werden Sie sich bald mit nicht weniger zufriedengeben, als Gott ganz persönlich kennenzulernen.

Vermeiden Sie folgende Bibelstelle: Johannes 7, 37-38.

Lenken Sie andere, indem Sie Schuldgefühle wecken *Tip 75*

Schuld ist ein besonders sensibles Thema. Lauwarme und mittelmäßige Christen sollten aber zu der Einsicht gelangen, daß Schuld den Grad ihrer Trägheit derartig vorantreiben kann, daß möglichst viele Menschen davon infiziert werden. Wenn Sie an Ihren persönlichen Schuldpegel denken, dann betrachten Sie ihn genauso wie Ihren Cholesterinspiegel: etwas davon ist gut für Ihre Diät; zuviel davon ist schlecht. Das kann zum Beispiel bedeuten, daß Ihr gesundes Schuldbewußtsein Beweggrund für Sie ist, sich vor Gott auf die Knie zu werfen; Sie könnten angetrieben werden zu Reue und zur Bitte um Vergebung.

Übertriebene Schuldgefühle wiederum lassen sich vorzüglich im Umgang mit anderen Menschen gebrauchen, wenn es darum geht, sie zu motivieren und zu manipulieren. Es muß an dieser Stelle nicht besonders betont werden, daß Sie sich selbstverständlich nur die letztgenannte Strategie über Gebühr zu eigen machen sollten.

Wenn Sie zum Beispiel in Ihrer Gemeinde für die Aufgabe auserkoren wurden, einen neuen Leiter für die Hauskreisarbeit zu finden, dann müssen Sie nicht ernsthaft beten und Gott um seinen guten Geist und seine Leitung bitten, damit die Angelegenheit einen guten Weg nimmt. Viel effektiver für Ihre Zwecke ist es, wenn Sie mit Schuldgefühlen operieren und anderen Menschen damit das Leben schwermachen.

Wenn Sie einen potentiellen Hauskreisleiter ansprechen, formulieren Sie etwa so: „Ich möchte es dir ans Herz legen, liebe Schwester (oder lieber Bruder), unseren neuen Kreis zu leiten – das heißt natürlich nur dann, wenn du auch der Meinung bist, daß dir dieser Kreis und unsere anderen lieben Schwestern und Brüder wichtig sind"; oder: „Ich habe dich letzte Woche ins Kino gehen sehen; ich will ja nichts sagen, aber ich finde es wirklich sehr, sehr schade, daß du nicht wenigstens die Hälfte dieser Zeit dazu verwendet hast, um das nächste Hauskreistreffen vorzubereiten."

Wenn andere einfach nicht auf die Berufung reagieren, die

136

Sie ihrem Leben zugedacht haben, dann sorgen Sie dafür, daß sie sich deshalb schuldig fühlen. Wärmen Sie längst vergessene Verfehlungen aus der Vergangenheit wieder auf, beschämen Sie Ihr Gegenüber und bringen Sie die Person dazu, das zu tun, was Sie wollen, damit Gott ihr oder ihm wieder wohlgesonnen ist. Sollte sich die angesprochene Person dann immer noch weigern, die von Ihnen vorgeschlagenen Aufgaben zu übernehmen, heben Sie kritisch Ihre Augenbrauen, verschränken Sie Ihre Arme vor der Brust und sagen Sie mit strenger Miene: „Ich werde dafür beten, daß Gott dein Herz verändert."

Für den mittelmäßigen Christen sind Schuldgefühle die besten aller Beweggründe. Denken Sie daran, wenn Sie sie heute bei jemand anderem wecken und zu Ihrem eigenen Vorteil einsetzen wollen.

Besorgen Sie sich einen Autoaufkleber mit dem Spruch: Ist es Ihnen heute schon gelungen, in einem Freund Schuldgefühle zu wecken?

Messen Sie den Wert Ihres Lebens   *Tip 76*
an falschen Maßstäben

Jeder Mensch auf dem Planeten Erde möchte von anderen Menschen gekannt und gehört werden, anerkannt sein und Spuren hinterlassen. Wir wollen, daß unser Leben Wert und Bedeutung hat. Dies ist ein gottgegebener Wunsch. Sie jedoch müssen immer an den falschen Stellen nach dem Wert Ihres Lebens suchen.

Je mehr bekannte Leute Sie angeblich persönlich kennen, desto bedeutender sind Sie selbst. Die Anzahl von Büchern mit Widmungen erfolgreicher Autorinnen und Autoren und die schier endlose Liste von Telefonnummern wichtiger Leute, die Sie notiert haben, lassen treffsicher auf die große Bedeutung Ihres eigenen Lebens schließen.

Geben Sie sich aber damit allein nicht zufrieden. Definieren Sie Ihre Bedeutung auch anhand materieller Kriterien. Beziehen Sie Ihr Wertgefühl aus der Höhe des Einkommens, das Sie haben; aus den Sprossen der Karriereleiter, die Sie in Ihrer Firma hinaufgeklettert sind oder wie nah Sie bei der Weihnachtsfeier neben dem Chef sitzen dürfen. Autos, Kleidung, Häuser, veröffentlichte Bücher und edle, schwere Teppiche geben wahrhaft und zuverlässig Auskunft über den Wert und die Bedeutung eines Menschen.

Um ehrlich zu sein, spielt es eigentlich keine Rolle, wo genau Sie nach dem Wert Ihres Lebens suchen, solange Sie diesen nicht in Ihrer Beziehung mit Gott zu finden versuchen.

Natürlich ist es von Wert, für Gott zu arbeiten und ihm zu gefallen und die eigenen geistlichen Erfahrungen mit denen anderer zu vergleichen, um sich selber wichtig zu machen. Ihre Vorstellung von Ihrem eigenen Wert und Ihrer eigenen Bedeutung sollte allerdings nicht auf der grundsätzlichen Annahme beruhen, daß Gott Sie liebt und Sie sein Kind sind. Bleiben Sie nicht ruhig angesichts der Gewißheit, daß Sie eine Tochter oder ein Sohn des Königs der Könige sind und daß Gott Sie nicht mehr lieben könnte, als er es gerade in diesem Moment tut.

Aktivaufgabe: Welchen bekannten Namen könnten Sie ganz nebenbei erwähnen, um anderen den Eindruck zu vermitteln, daß Sie höchstpersönlich eine wichtige Persönlichkeit sind?

Christen, die in ihrem Glaubensleben wachsen, lernen und wissen genau, daß die Beendigung von Aufgaben von großer Bedeutung ist, zumal wenn Sie glauben, Gott hätte sie ihnen anvertraut. Im Gegensatz dazu bekommt der mittelmäßige, träge Christ ein untrügliches Gespür dafür, wie gut es ist, viele Dinge zu beginnen und nur ganz wenige zu beenden.

Ein guter Ansatzpunkt ist das Studium der Bibel. Ich schlage vor, Sie versprechen sich selbst, im nächsten Jahr die ganze Bibel durchzulesen, und dann hören Sie irgendwo zwischen Adam und Mose auf.

Für träge Christen sind kleine Gruppen Gift, denn diese wollen zu persönlichem geistlichen Wachstum und zur Verantwortlichkeit anregen. Schließen Sie sich so einer Gruppe ruhig an, gehen Sie dann aber nach zwei oder drei Treffen nicht mehr hin, weil Sie einfach „total überlastet" sind.

Verpflichten Sie sich zur Mitarbeit in einer Reihe von Gemeindeaktivitäten, werden Sie Mitglied verschiedener Kirchenkomitees und sehen Sie sich dann bald außerstande, Ihren Pflichten nachzukommen. Lassen Sie sich in Ihrem Hauskreis nur alle paar Wochen sehen. Beginnen Sie einen ermutigenden Brief an einen Missionar, dann lassen Sie den Brief mittendrin liegen, weil Sie sich unschlüssig sind, wo genau Sie die Adresse und den Absender hinschreiben sollen. Das Allerwichtigste ist aber, daß ....

Anmerkung des Verlags: Wir bedauern sehr, daß der Autor außerstande war, das komplette Manuskript pünktlich zum Erscheinungstermin abzuliefern; dennoch haben wir das Gefühl, daß er seinen letzten Tip mit einem treffenden Beispiel veranschaulicht hat.

Antworten

1. c) Wahrhaft ineffektive Christen haben nicht die geringste Ahnung, wo sie ihre Bibel finden könnten.

2. b) und c) Fischsymbole und anderes Brimborium befreien Sie von der Aufgabe, über Ihren Glauben zu sprechen oder aus Ihrem Glauben heraus zu handeln.

3. c)

4. c) Einige Leute glauben wirklich, für alle Gelegenheiten und Probleme des Lebens böte sich ein Vers aus der Bibel an, aber das ist einfach nicht wahr.

5. c) Vielleicht sollten Sie Ihren Computer doch noch etwas weiter vorne einordnen.

6. c) Der Trick besteht darin, lautes Geklimper zu vermeiden, wenn Sie Ihre Pfennig- und Markstücke in den Klingelbeutel werfen.

7. c) Ist es nicht ein großartiges Gefühl zu wissen, Sie haben Ihre wöchentliche Gottesdienstpflicht fast erfüllt?

8. c)

9. c) Was könnte es denn sonst noch geben?

10. c) Wahre Mittelmäßigkeit gedeiht nur in totaler Isolation.

„Die unwirksame Nachfolge" oder „Was kann ich tun, um noch mittelmäßiger zu werden?" – ein persönlicher Test

Dieser hilfreiche wissenschaftliche Test wird es Ihnen ermöglichen, den aktuellen, effektiven Stand Ihrer geistlichen Mittelmäßigkeit genauestens zu ermitteln. Bitte beantworten Sie jede Frage so ehrlich wie möglich und malen Sie einen Kreis um den entsprechenden Buchstaben Ihrer Antwort. Wenn Sie fertig sind, vergleichen Sie Ihre Antworten mit den ineffektiven Lösungen, die ganz zum Schluß aufgelistet ist.

1. Die Bibel ist ...
a) Anleitung für mein Leben
b) das „gute Buch"
c) irgendwo im Wohnzimmer, im Regal ganz hinten. Oder auch in einer Kiste unter dem Bett oder im Zeitungsständer. Irgendwo muß sie sein, denn neulich habe ich sie noch gesehen.

2. Andere Leute wissen, daß ich Christin oder Christ bin, weil ...
a) ich Gott liebe und meinen Nächsten wie mich selbst
b) ich jeden Sonntag in die Kirche gehe, außer wenn das Wetter schön ist oder ich eine Einladung zum Tennis habe oder ich noch die Videoaufzeichnung der Fußballspiele vom Vortag ansehen muß
c) auf meinem Auto ein Regenbogen klebt und ein Fisch

3. Ich habe mit jemandem über Christus gesprochen...
a) in der letzten Woche
b) im letzten Jahr
c) in der letzten Dekade, allerdings nur, wenn auch das

„Grüß Gott" zählt, mit dem ich morgens beim Brötchenholen die Verkäuferin begrüße

4. *Wenn ich mit einem moralischen oder ethischen Dilemma konfrontiert bin, dann versuche ich ...*
a) einen Abschnitt in der Bibel zu finden, der mir Aufschluß geben kann oder eine neue Perspektive
b) zu beten und göttlichen Beistand und Rat zu erbitten
b) eine Münze zu werfen oder mit meinen Fingern auf Holz zu klopfen und „toi toi toi" zu rufen

5. *Die wichtigsten Prioritäten in meinem Leben sind der Reihenfolge nach ...*
a) Gott, meine Familie, meine Arbeit
b) Meine Familie, Gott, meine Arbeit
c) meine Arbeit, meine Familie, meine Briefmarkensammlung, mein Nebenjob, mein Computer, Gott.

6. *Ich entscheide mich, wieviel ich in meiner Kirche spenden will, indem ich ...*
a) einen bestimmten Prozentsatz meines Bruttoeinkommens spende
b) einen bestimmten Prozentsatz meines Taschengeldes erübrige
c) das Kleingeld zähle, was ich gerade bei mir habe.

7. *Das Abendmahl hat eine große Bedeutung für mich, weil ...*
a) ich den Tod, das Begräbnis und die Auferstehung Christi feiere
b) ich über meine Sünden nachdenke und mir Zeit nehme, sie vor Gott zu bekennen
c) es immer am Ende des Gottesdienstes gefeiert wird und

deshalb untrügliches Zeichen dafür ist, daß es bis zum Mittagessen nicht mehr lange hin ist

8. Die geistliche Waffenrüstung ist ...
a) etwas sehr Wichtiges und in meinem Bewußtsein verankert
b) etwas, was die himmlischen Heerscharen auszeichnet
c) etwas, worüber christliche Autoren öfters schreiben und deshalb eine Menge Geld verdienen

9. Das höchste Ziel meines Lebens ist ...
a) Gott zu hören, wenn er sagt „Gut gemacht, meine treue Dienerin/ mein treuer Diener"
b) andere durch meine Worte und durch mein Beispiel zu Christus zu führen
c) glücklich zu sein

10. Wahre Freude entsteht durch ...
a) eine enge Beziehung mit Gott
b) eine enge Beziehung mit anderen Menschen
c) Abgrenzung gegenüber Gott und anderen Menschen